Das Gesetz der Anziehung und das EGO

Was unsere Wünsche daran hindert, in Erfüllung zu gehen

Das Gesetz der Anziehung und das EGO

Was unsere Wünsche daran hindert, in Erfüllung zu gehen

© 2009   Ruth Willis

ISBN: 9783839146477
Herstellung und Verlag:
Books on Demand GmbH, Norderstedt
Projektmanagement und Covergestaltung: Petra Gutkin
Bildrechte: www.fotolia.de
Fire © Salmon

Alle Rechte, insbesondere das Recht der Vervielfältigung und Verbreitung, sowie Übersetzung, vorbehalten. Kein Teil des Werkes darf in irgendeiner Form ohne schriftliche Genehmigung des Autors reproduziert, verarbeitet, vervielfältigt oder verbreitet werden.

> **Inhaltsverzeichnis**

Impressum

Vorwort   5

Kapitel 1: Das Gesetz des bewussten Erschaffens   13

Kapitel 2: Die Probe aufs Exempel   21

Kapitel 3: Du bist eine Seele   30

Kapitel 4: Das holografische Universum   36

Kapitel 5: Dein Lebensplan   44

Kapitel 6: Was ist das Ego?   51

Kapitel 7: Wonach strebt das Ego?   56

Kapitel 8: Das Ego will haben statt sein   60

Kapitel 9: Das spirituelle Ego   63

Kapitel 10: Das Ego sucht Anspannung   65

Kapitel 11: Der Ego-Schmerzkörper   68

Kapitel 12: Das Ego bedroht die Menschheit   70

Kapitel 13: Unterschiede zwischen Ego und wahrem Selbst   71

Kapitel 14: Du bist nicht das Ego   74

Kapitel 15: Das Ego-Gesellschaftssystem   77

Kapitel 16: Die Ego-Kreation Religion   81

Kapitel 17: Die Ego-Kreation Schule	87
Kapitel 18: Die Ego-Kreation Medien	92
Kapitel 19: Die Ego-Kreation Politik	103
Kapitel 20: Die Ego-Kreation Wirtschaft	108
Kapitel 21: Die Ego-Kreation Wissenschaft	117
Kapitel 22: Zwischenbilanz	120
Kapitel 23: Bewusst leben	126
Kapitel 24: Verantwortung	132
Kapitel 25: Das Phänomen Glück	136
Kapitel 26: Fühlst Du das Leben?	138
Kapitel 27: Der gegenwärtige Augenblick	142
Kapitel 28: Urteilen ist destruktiv	144
Kapitel 29: Meditation	147
Kapitel 30: Lieben und verzeihen	156
Kapitel 31: Das menschliche Massenbewusstsein	160
Schlusswort	164

VORWORT

Geschätzter Leser,

dieses Buch wurde nur dazu geschrieben, um Dir zu einem glücklichen Leben in einer glücklichen Welt zu verhelfen. Es ist ein Buch, welches Dir genau beschreibt, WIE man glücklich wird und seine Wünsche wahr macht, WARUM die meisten Menschen derzeit unglücklich sind, WOHER alle unsere Probleme kommen, WO man für sein persönliches Lebensglück ansetzen sollte und WANN man mit Erfolg rechnen kann.

Aber was hat Dich eigentlich dazu bewogen, dieses Buch zu kaufen, in dem es um das EGO und den bewussten Umgang mit dem Gesetz der Anziehung, und somit um ein glückliches Da-Sein geht? Jenem kosmischen Gesetz, welches besagt, dass man durch die Kraft seiner Gedanken und Gefühle seine innersten Wunschträume wahr machen kann. Bist Du womöglich ein Pechvogel, dem das Glück nie hold ist? Hast Du vielleicht schon zahlreiche Lebensratgeber gelesen und trotzdem steht Dir Glücksgöttin Fortuna nicht zur Seite? Hast Du dieses Buch aus einer Notlage heraus gekauft oder es Dir geborgt? Kein Glück im Beruf, in der Liebe oder in Geldangelegenheiten? Und das trotz allerlei Seminare über das positive Denken, etlicher Bücher über das bewusste Manifestieren, Yoga-Kurse, Forendiskussionen im Internet und der Hilfe von Motivationscoachs? Woran liegt es, dass so viele Wünsche trotzdem nicht in Erfüllung gehen? Die hierbei alles entscheidende Frage ist doch: handelt es sich bei Deinen Wünsche wirklich um DEINE Wünsche? Oder vielmehr um die Wünsche Deines Egos? Entsprechen diese Wünsche Deinem innersten Sein oder hat das Ego sie Dir eingetrichtert?

Manch einer wird jetzt einwenden, dass es doch schon genügend Bücher zum Thema „glückliches Leben" und „Wunscherfüllungen" gibt. Aber ist das wirklich so? Warum sind dann noch nicht alle Menschen glücklich? Warum hast DU Dir dieses Buch zugelegt? Wahrscheinlich, weil das Glück noch nicht präsent ist. Das Glück aber ist die Bedingung für ein erfülltes Leben. Ein glücklicher Mensch bereichert alle Bereiche des Lebens, sei es die Beziehung zu einem liebevollen Partner, den eigenen gesundheitlichen Zustand, die Atmosphäre am Arbeitsplatz oder in der Schule. Glücklichsein steigert die gesamte Lebensqualität enorm.

Neben den primären Bedürfnissen für ein glückliches Leben wie Essen und Schlafen gibt es eine noch bedeutendere Voraussetzung: WISSEN (Wahrheit). Das Buch hat es sich zur Aufgabe gemacht, Dich zu in-FORM-ieren, Dich also mental in Form zu bringen und Dir nützliches Wissen zu vermitteln, denn wie der Volksmund so schön sagt: „Unwissenheit versklavt, Wissen macht frei." Wenn Du Dir dieses Wissen verinnerlichst, erfährst Du ein neues BEWUSST-SEIN und Deine Sichtweise auf die Welt erfährt eine glückliche Neugeburt. Es hängt letztendlich alles davon ab, inwieweit Dein Bewusstsein entwickelt ist und die Wahrheit von der Unwahrheit unterscheiden kann.

Derzeit leben die meisten Menschen in einer von Menschen geschaffenen Gesellschaft, die sich in einer tiefen Krise befindet. Da diese Gesellschaft von Menschen geschaffen wurde, ist es nur logisch, dass sie auch von Menschen verändert werden kann, so dass sich zukünftig keine Krisen mehr ereignen. Wie aber kam es eigentlich dazu, dass wir in einer Welt leben, in der Zeitdruck, Stress, Unglück, Gewalt, Kriege und Hass überwiegen? Was hindert uns daran, die Gedanken und die Gefühle in uns zu erzeugen, die uns eine schönere Welt erschaffen? Vielleicht unser Ego? Ich meine eine Welt, in der es keine Schulden mehr gibt und keine Kriege. Eine Welt ohne Hungerproblem und ohne Umweltzerstörung. Eine Welt ohne Folterskandale und ohne grausame Tierversuche. Eine Welt, in der sich Menschen nicht nur auf ihr eigenes Wohl konzentrieren, sondern auch das Wohl ihrer Mitmenschen, der Tiere und der Umwelt berücksichtigen. Eine Welt voller Glück, Gesundheit und Liebe. Eine Welt voller selbstsicherer, verantwortungsbewusster und unabhängiger Menschen, die bewusst ihre Wünsche manifestieren.

Ach, Du glaubst gar nicht daran, dass sich solch eine Welt erschaffen lässt?

Dann hängst Du in Denkstrukturen fest, die Dich klein, schwach und hilflos machen. Dann hat Dein Ego Dich im Griff, dann hast Du derzeit ein sehr schwach entwickeltes Bewusst-SEIN, denn wärst Du Dir Deines Selbst bewusst und wüsstest, welch grenzenlose Fähigkeiten Dir zur Verfügung stehen, dann hättest Du keinen Funken Zweifel in Dir.

Alle Lebensziele in unserer Gesellschaft orientieren sich derzeit an äußeren Werten. Fragen wir uns dazu einmal ganz ehrlich, ob wir das glückliche Leben führen, welches wir führen wollen. Macht ein Leben, welches ausschließlich aus äußeren Dingen wie Arbeit, Stress, Zeitdruck, Sex, Sport, Mode, Film und Musik, Internet und Geld, Urlaub und Luxusgüter besteht, wirklich glücklich? Dies ist eine exoterische Lebensweise (von außen nach innen), das exakte Gegenteil einer esoterischen Lebensart (von innen nach außen), in der man sich des intuitiven Wissens in sich bewusst ist und dieses in der Außenwelt umsetzt. Betrachten wir uns nüchtern das aktuelle Weltgeschehen, stellen wir fest, dass uns die exoterische Lebensweise nicht glücklich gemacht hat. Ganz im Gegenteil, denn seit Jahrtausenden liest sich die Menschheitsgeschichte wie ein blutiger Kriegsroman, der voller Angst, Gewalt und Unglück ist.

Kann es vielleicht sein, dass das Unglück auf der Welt so lange bestehen bleibt, bis wir eines Tages die exoterische Lebensweise aufgeben? Ist diese Art von Leben womöglich erst der Grund der unglücklichen Zustände auf Mutter Erde? Würden wir vielleicht kein Ego mehr haben, wenn wir uns an inneren Werten orientieren, statt an äußeren?

Wir konnten in den letzten drei Jahrzehnten beobachten, wie weltweit immer mehr Menschen zur Esoterik wechselten, um der Eindimensionalität des jetzigen Gesellschaftssystems etwas entgegenzusetzen. Denn solange wir nur nach außen blicken, sind wir blind für fundamentale kosmische Gesetze, die unser Leben bestimmen.

Fakt ist, dass der gesamte Kosmos (griechisch: Ordnung) nach geistigen Gesetzmäßigkeiten strukturiert ist und kaum ein Mensch diese kennt. Die System-Schulen lehren uns Algebra, Physik, Chemie, Geometrie, Geografie, Sozialwissenschaften, Mathematik und Fremdsprachen, doch auf die wirklich wichtigen Fragen fürs Leben erhalten wir dort keine Antworten. Wer bin ich eigentlich, woher komme ich, warum wurde ich geboren, was mache ich hier, wie funktioniert das Universum, was sind die geistigen Gesetze des Lebens, wie gestalte ich mein Leben glücklich und was geschieht nach meinem Leben auf Erden? Wir schmücken uns nur allzu gern mit akademischen Titeln, was wiederum unserem Ego schmeichelt, dabei wissen wir nicht einmal die elementarsten Dinge. Solange wir keine Antworten auf diese Fragen haben, bleiben wir ein Spielball der Umstände und degradieren uns selbst zu passiven Zuschauern des eigenen Lebens. Dabei ist ein glückliches Leben nur einen einzigen Gedanken weit entfernt.

Frage Dich selbst: willst Du weiterhin unbewusst auf Autopilot durch die Welt gehen und dadurch ein unglückliches Leben erschaffen? Oder willst Du endlich durchstarten und Dein Leben bewusst steuern und lenken? Um sein Leben bewusst und glücklich zu meistern, muss jeder seine WAHR-nehmung ändern und sein altes Weltbild entsorgen bzw. überarbeiten. Noch ist es so, dass die Welt geteilt ist in die große Gruppe der unbewussten und somit unglücklichen Masse, die ihrem Ego folgt, und die kleine Gruppe der bewussten und somit glücklichen Menschen. Es liegt an uns, das zu ändern. Fang Du bei Dir an, geschätzter Leser, und ich bei mir.

Betrachten wir doch mal das Erreichen des persönlichen Glücks aus verschiedenen Perspektiven:

Die Psychologie rät uns, positiv zu denken, weil unsere Gedanken dadurch unsere unbewussten Kräfte mobilisieren.

Die fernöstlichen Weisheiten empfehlen uns, Gefühle der Harmonie zu denken, weil sie ein schönes Leben ermöglichen.

Esoterische Bücher über das sogenannte Gesetz der Anziehung erklären uns, dass unsere Gedanken unsere Realität erschaffen.

Heilpraktiker weisen immer wieder darauf hin, dass unsere Gedanken unsere Heilkräfte aktivieren und dadurch Gesundheit schaffen (Placebo-Effekt).

Mentaltrainer fordern ihre Schüler auf, ihre Aufmerksamkeit auf die eigenen positiven Eigenschaften und auf die positiven Dinge in der Welt zu richten, weil man durch solch eine positive Sichtweise energiegeladener wird.

Und nun schauen wir uns einmal näher an, was uns im Gegenzug die Kirchen, die Wissenschaft, die Medien, die Industrie, die Werbung, die Politik, kurzum, was uns das derzeitige Gesellschaftssystem, welches einem egohaften Denken entsprungen ist, dazu zu sagen hat. Die gleichen Fragen, doch diesmal hören wir ganz andere Antworten. Also, was sagt uns das System?

Dass wir mit der Erbsünde geboren sind, also dass wir schuldig auf die Welt kommen,

dass wir vom Affen abstammen,

dass wir eine zufällige Ansammlung von Zellmasse sind, sozusagen ein Unfall der Evolution,

dass wir in einem Universum leben, das zufällig durch einen Knall entstanden ist,

dass wir Wähler, Konsumenten, Verbraucher und Arbeitnehmer sind,

dass wir kaufen und konsumieren sollen,

dass man nichts hinterfragen und seine Verantwortung abgeben sollte (Stimme abgeben = ohne Stimme sein),

dass Fußball wichtiger als meditieren ist,

dass Sex wichtiger als Liebe ist,

dass das Wahre irgendwo da draußen in der Welt ist und nicht in uns zu finden ist.

Und jetzt frage Dich selbst, geschätzter Leser, ganz aufrichtig, was Dir Deine Intuition, Deine kleine innere Stimme, für ein Gefühl sendet, wenn Du Dir diese zwei grundverschiedenen Lebensansichten betrachtest? Die letztere Sichtweise stürzt uns doch wahrhaftig in eine Krise, habe ich recht? Um sich ein glückliches und krisenfreies Leben zu erschaffen, bedarf es eines wachen, freien und vollständigen BE-WUSST-SEINS. Und eins steht fest: mit unserem Bewusstsein stimmt derzeit etwas nicht. Wenn es WIRKLICH Dein Wunsch ist, positive Veränderungen in Deinem Leben zu bewirken, dann solltest Du wählerischer werden in der Wahl Deiner Umgebung, Deiner Aktivitäten und Deiner Gedanken. Ich werde Dich im Verlauf des Buches mit Dingen konfrontieren, die Deine Wunscherfüllungen sabotieren und die Du im Interesse des eigenen Wohlergehens meiden solltest. Ich werde Dir anschaulich und verständlich zeigen, dass Realität viel mehr ist, als unsere Schulweisheit sich träumen lässt. Ich werde Dir Deinen größten Widersacher vorstellen, welcher Dein persönliches Lebensglück unter allen Umständen verhindern will, nämlich das bereits mehrfach erwähnte EGO. Wenn etwas für Unglück, Verzweiflung und Kummer sorgt in unserem Leben, dann ist es, darauf kannst Du Dich verlassen, das EGO, welches sich an jeglicher Disharmonie weidet und davon lebt. Um den Wunsch nach einem glücklichen Leben wahr zu machen, gehen wir in diesem Buch folgenden Fragen auf den Grund: was ist das Ego? Woher kommt es? Wieso kontrolliert es unser Leben? Wie können wir es erkennen und wie blockiert es unsere erhofften Wunscherfüllungen? Und vor allem – wie wird man das Ego los? Die Antwort auf die letzte Frage ist zugleich der Weg zu Glück, Zufriedenheit und Harmonie. Doch dazu müssen wir uns mit uns selbst offen und aufrichtig auseinandersetzen, auch wenn uns dies vielleicht unangenehm ist, weil wir dadurch auch die vom Ego kontrollierten Seiten von uns zu sehen bekommen, die wir bislang verdrängt haben.

„Wahre Worte sind nicht angenehm und angenehme Worte sind nicht wahr." (Laotse)

„Die Wahrheit ist eine unzerstörbare Pflanze. Man kann sie ruhig unter einen Felsen vergraben, sie stößt trotzdem durch, wenn es an der Zeit ist." (Frank Thiess)

„Gute Arznei schmeckt bitter, aber heilt die Krankheiten; wohlmeinender Rat klingt unangenehm, aber ist nützlich." (unbekannt)

„Eine schmerzliche Wahrheit ist besser als eine Lüge." (Thomas Mann)

„Es ist unmöglich, die Fackel der Wahrheit durch ein Gedränge zu tragen, ohne jemandem den Bart zu versengen." (Georg Christoph Lichtenberg)

„Jede Wahrheit durchläuft drei Stadien: zuerst ist sie lächerlich. Zweitens wird ihr gewaltsam Widerstand geleistet. Drittens wird sie als selbstverständlich angenommen." (Arthur Schopenhauer)

Die Wahrheit kennen wir im Grunde alle, aber viele von uns sind (noch) nicht bereit, sie zu hören. Es ist nicht schwer, die Wahrheit herauszubekommen, denn sie wurde schon von vielen Weltlehrern laut ausgesprochen. Das Problem besteht darin, dass die Menschen zwar Augen haben, aber die Meisten sich weigern, mit ihnen die Wahrheit zu sehen. Sie schließen die Augen, drehen sich weg und stürzen sich in Ablenkungen. Doch Verdrängung hat noch nie geholfen. Wenn wir etwas bewirken wollen auf dieser Welt und in unserem Leben, dann müssen wir uns zuerst informieren, nicht verdrängen. Sei nicht verunsichert, wenn die volle Wucht der im Buch enthaltenen Informationen Deine Grenzen sprengen. Sollte ich das eine oder andere Thema für Dich nicht ausführlich genug beschrieben haben, findest Du weiterführende Literaturquellen und Internetseiten am Ende des Buches. Es mag durchaus sein, dass Dir vieles unglaublich erscheint, was in diesem Buch steht, weil Dein von außen geprägtes Bewusstsein auf seiner jetzigen Ebene ein Annehmen bestimmter Tatsachen erschwert und sich am gewohnten (fremdbestimmten) Weltbild wie ein Ertrinkender an einem Rettungsboot festklammert. Aber sei versichert, dass ich alles verständlich und nachvollziehbar erkläre. Wenn man vor gefasste Schulmeinungen loslässt und seine

Augen öffnet, sieht man plötzlich Zusammenhänge, für die man zuvor blind war. Fege nichts beiseite, bevor Du Dich nicht ernsthaft damit auseinandergesetzt hast. Es kommt immer nur darauf an, mit welchem Bewusstsein man an die Sachen herangeht. Sobald Dein Bewusstsein sich dazu entschließt, seine bisherigen Grenzen zu überschreiten und sich weiter zu entwickeln, ist eine Phase in Deinem Leben angebrochen, in der Du Dein Leben Schritt für Schritt in ein reines Glückserlebnis verwandeln kannst, ich meine Du kannst Dir wirklich ein RICHTIGES Paradies voller innerer Zufriedenheit und Harmonie erschaffen. Das bedeutet zugleich, dass Du nicht länger klein und ohnmächtig zusehen musst, wie sich die Welt in eine falsche Richtung bewegt, sondern die Richtung des Weltgeschehens bewusst mitbestimmen kannst. Es gibt nur diese zwei Möglichkeiten: Spielball sein oder das Spiel bestimmen. Bei der einen Option bist Du garantiert unglücklich, bei der anderen bist Du garantiert glücklich.

Damit haben wir das Ende der Einleitung erreicht und werfen einen Blick auf…

DAS GESETZ DES BEWUSSTEN ERSCHAFFENS

Wenn ich an dieser Stelle mit Nachdruck behaupte, dass man sein Leben mittels seiner Gedanken und Gefühle erschafft, dass man mit Gedanken und Gefühlen alle seine Wünsche wahr machen kann, dann mag das für manche Menschen höchst unglaubwürdig und unvorstellbar klingen. Besonders dann, wenn es sich um wissenschaftsgläubige Menschen handelt. Diese verhalten sich bei solchen Themen für gewöhnlich sehr unwissenschaftlich und handeln alles auf der "Bigfoot"-Ebene ab, ohne es nachzuprüfen, fast so, als ob sie bereits alles wüssten und es in diesem unendlich großen Universum nichts Neues zu entdecken gibt. Wünschen sie sich etwas und es wird wahr, so führen sie das zumeist auf Glück zurück. So ist es ja auch, nur wissen die meisten Menschen nicht, dass man Glück anziehen kann. Das geht allerdings nicht von heute auf morgen, denn nicht umsonst sagt der Volksmund: "Das Glück bevorzugt den, der gut vorbereitet ist."

Seit Tausenden von Jahren hat man den Menschen erzählt, dass es ein Schicksal gibt, welches außerhalb unseres Einflusses liegt und über unser Leben entscheidet. Und die meisten Menschen haben das „geschluckt" und als Wahrheit angenommen. Doch ein Schicksal hat es tatsächlich nie gegeben, es ist bloß ein irreführendes Erwachsenenmärchen. Das, was über unser Leben, unsere Welt bestimmt, ist nicht außerhalb von uns – ist es nie gewesen. Das, was unsere Zukunft gestaltet, das sind WIR SELBST! Ja, wir sind diese unvorstellbar gewaltige MACHT! Du bist zu weitaus mehr in der Lage, als Du Dir das überhaupt ausmalen kannst, geschätzter Leser. Wir sind nicht deshalb auf die Welt gekommen, um als hilfloser Spielball eines imaginären Schicksals durchs Leben gestoßen zu werden, sondern das Leben selbst zu erschaffen.

Und wie machen wir das? Durch den richtigen und bewussten Umgang mit dem kosmischen Naturgesetz der Anziehung, das den meisten Menschen (noch) gänzlich unbekannt ist. Dieses Gesetz ermöglicht es uns mittels unserer Gedanken und Gefühle unsere Zukunft zu erschaffen, denn es besagt: **Gleiches zieht Gleiches an und wird durch Gleiches verstärkt.** Diese Aussage ist von ungeheurer Wichtigkeit! Jeder Gedanke und jedes Gefühl ziehen die Lebensumstände an, die ihnen entsprechen. Nach meiner eigenen Erfahrung reicht es aus, wenn wir 15 Sekunden lang unsere Aufmerksamkeit auf etwas Bestimmtes richten und es mit starken Gefühlen aufladen, damit wir es in unser Leben ziehen. So wie dem Einatmen das Ausatmen folgt, folgt auch einer Ursache (unseren Gedanken und Gefühlen) die Wirkung (ein manifestierter Lebensumstand). Begegnest Du dem Leben mit Liebe, wird das Leben Dir Liebe geben. Begegnest Du dem Leben hingegen mit Wut, wird das Leben Dir Wut geben. Man denke hierbei an die französische Revolution und Marie Antoinette. Als sie hörte, dass das hungernde Volk kein Brot mehr hatte, da sagte sie zynisch: "Wenn das Volk kein Brot mehr hat, soll es doch Kuchen essen!" Sie war blind für die Bedürfnisse des Volkes und hatte nur Hass und Verachtung für ihre ärmeren Mitmenschen übrig. Bald darauf wurde sie auf der Guillotine geköpft. Man sollte nicht denken, man könne sich einem kosmischen Naturgesetz entziehen. Alles, was man aussendet, kommt zu einem zurück, und zwar mit Zins und Zinseszins. Denke ich mit starken Emotionen an negative Ereignisse aus meiner Vergangenheit oder an eine düstere Zukunft, ziehe ich weitere negative und düstere Ereignisse an. Denke ich hingegen mit starken Empfindungen an etwas Schönes, ziehe ich schöne Lebensumstände an. Wenn wir das Leben ängstlich führen, werden wir von einer angstvollen Lebenssituation in die nächste stolpern. Sind wir frei von Angst, dann wird uns das Leben keine Angst mehr präsentieren, weil die Projektionsquelle der Angst in uns nicht länger existiert.

Wie ist all das möglich?

Dazu müssen wir einen sehr genauen Blick auf unsere Realität werfen und begreifen, wie die Welt, in der wir leben, strukturiert ist und wie sie „funktioniert". Denken wir einmal ernsthaft darüber nach! Was ist z.B. ein Tennisschläger? Ein harter fester Gegenstand? Oder einfach nur etwas, das von Atomen und Molekülen zusammengehalten wird? Also nichts weiter als eine bestimmte Energieform? Eine Energieform, die halt eine andere Frequenz (Schwingung) hat als beispielsweise unsere Gedanken und uns "solide" vorkommt. Der Tennisschläger kommt uns bloß solide vor, aber solide und real kommen uns auch dreidimensionale Gebilde in unseren nächtlichen Träumen vor, trotzdem sind sie es nicht.

Unsere gesamte Realität ist nichts anderes als ein großes Energiemeer, welches sich ständig neu zusammensetzt. Dies sehen nicht nur uralte esoterische Schriften so, sondern auch modernste Quantenphysik. Auch wir sind ein Teil dieses Energiemeeres, so dass auch wir aus dieser intelligenten Energie bestehen und diese durch unsere Gedanken und Gefühle lenken und formen können. Jeder konzentrierte und emotionale Gedanke verlässt uns und verursacht Kreise auf der Oberfläche dieses unendlichen Energiemeeres. Wir formen auf diese Weise dieses Energiemeer zu dem, was wir Leben nennen, unsere Schwingung transformiert die Energie in die Frequenz, die unseren Sinnen wie Materie erscheint. So wie ein Kind eine Sandburg im Sandkasten baut, so "bauen" wir uns unser Leben mittels unserer Gedanken und Gefühle.

Es ist inzwischen als wissenschaftliche Tatsache bekannt, dass in unserem Universum alles durch die ständige Bewegung der Atome, aus denen sich alles zusammensetzt, schwingt. Auch ein Stück Metall ist, aus atomarer und subatomarer Sicht gesehen, ein durch und durch schwingendes Objekt. Für Medizin und Physik sind Schwingungen ein „alter Hut". Das EKG und EEG messen die Herz- sowie die Gehirnaktivität. Diese Aktivitäten stellen einen elektrischen Rhythmus dar, der als „Frequenz" (Ereignishäufigkeit innerhalb eines bestimmten Zeitraums) bezeichnet wird. Menschen, Tiere, Pflanzen, Mineralien, Elemente sind in ständiger Bewegung. Vom höchsten Berg bis zum kleinsten Atom – alles vibriert, bewegt sich, schwingt in seiner ureigenen Frequenz, alles lebt. Da alles schwingt, wirkt diese kosmische Naturkraft nicht nur durch uns Menschen, sondern auch durch alles andere: Tiere, Pflanzen, Elemente, Farben, Töne, Gerüche, Orte, Formen und so weiter. Auch jeder einzelne Gedanke und jede daraus resultierende Empfindung erzeugen eine Energie in Form einer elektromagnetischen Schwingung in uns. Je stärker unsere Konzentration ist, umso stärker wird unsere Schwingung. Deine Konzentration ist wie eine Lupe, geschätzter Leser, die Deine Schwingung wie einen Sonnenstrahl bündelt und ihn dadurch verstärkt.

Diese energetische Schwingung ist magnetischer Natur, d. h. sie zieht alles an, was ihrer Schwingungsrate entspricht, was „gleich" ist. Mit anderen Worten: Freude sät Freude, Unglück sät Unglück. Unsere jetzige Situation ist folglich die Wirkung unserer früheren Gedanken und Gefühle! Wenn wir also schon ständig denken und dabei Gefühle haben, dann sollte unser oberstes Gebot sein, glücklich, positiv, optimistisch und vor allem FREI (vom Ego) zu denken. Das ist das einzige Geheimnis. Ein optimistischer und harmonischer Mensch hat eindeutig ein kohärenteres Schwingungsfeld als ein pessimistischer Mensch. Dieses Schwingungsfeld breitet sich beim Optimisten schließlich über den ganzen Körper aus und sorgt für Gesundheit, stärkt die Abwehrkräfte und zieht weitere harmonische Schwingungen an.

„Die Welt ist wie eine riesige von einem Spiegel reflektierte Stadt. Folglich ist auch das Universum ein gewaltiges Spiegelbild Deiner Selbst in Deinem eigenen Bewusstsein." (vedischer Text; Yoga Vasishta)

Alles, was uns in der Außenwelt begegnet oder uns widerfährt, sind Projektionen unseres Inneren, der Inhalt unseres Geistes zeigt sich uns als äußerer Umstand. Die daraus folgende Quintessenz lautet: wie innen, so außen. Unser gesamtes Leben findet nach dieser Definition IN UNS statt. Die Wirklichkeit ist nicht außerhalb von uns, sie wird in unserem Inneren produziert. Die Außenwelt ist im Grunde die Summe der Gedanken und Gefühle der Menschheit, das Leben selbst IST ein gewaltig großer Spiegel. Deshalb gibt es indische Sutras, die dazu raten, andere Menschen in sich selbst zu sehen und sich selbst in den anderen zu sehen. Im Klartext: wir alle dienen einander als Spiegel und können uns in der Spiegelung anderer Menschen selbst erkennen. Hat man das erst einmal begriffen, dann wird jedes menschliche Miteinander zu einer großartigen Möglichkeit, sein Bewusstsein immer mehr zu entfalten.

Zurück zum Stichwort "Energiemeer": warum sehen wir da draußen eine „reale Welt", bestehend aus Bergen, Meeren, Wäldern, Städten und so vielem mehr, wenn doch alles aus Energie besteht? Ganz einfach. Weil nicht unser Auge sieht, sondern unser Gehirn. Wir können die Welt mit unseren Augen gar nicht sehen. Das für unsere Augen sichtbare Licht macht nur einen winzigen Bruchteil des elektromagnetischen Spektrums aus, welches nur 0,005 Prozent aller Energie im Universum darstellt. Was wir sehen ist tatsächlich nur ein Bild, das in unserem Gehirn entsteht. Dies ist keine bloße Vermutung oder eine philosophische Theorie, sondern eine wissenschaftliche Wahrheit. Alles, was wir mit unseren Sinnen erfassen, ganz egal ob wir es sehen, hören, riechen, schmecken oder ertasten, wird in Form von elektromagnetischen Impulsen (und eben nicht als dreidimensionale Bilder, als Geräusche, Gerüche usw.) an das Gehirn weitergeleitet. Dazu muss man wissen, wie z.B. der Sehvorgang abläuft. Das menschliche Auge ist zuständig für das Umwandeln des Lichtes in einen elektrischen Impuls durch die Zellen in der Netzhaut (Retina). Diese Impulse erreichen das Sehzentrum im Gehirn und werden umgewandelt, damit das Gehirn das Gesehene überhaupt deuten und interpretieren kann. Diese umgewandelten Impulse bilden im Gehirn das räumliche, dreidimensionale Bild, das wir sehen, wenn wir in der Außenwelt etwas anschauen. Das Bild entsteht also im Gehirn. Ebenso ist es mit den anderen Sinnesorganen. Das Ohr setzt ebenfalls Schwingungen in elektrische Signale um, die im Gehirn umgewandelt werden. Unsere Sinnesorgane sind nicht anderes als Frequenzdekoder (dazu gehört laut Nobelpreisträger Georg von Bekesy auch die Haut).

Die Welt, so wie wir sie um uns herum wahrzunehmen glauben, gibt es so also gar nicht.

Es spielt sich alles in unserem Gehirn ab. Schwer zu verstehen? Okay, dann noch mal: was auch immer unsere Sinnesorgane sehen oder hören oder anderswie erfassen, wird dem Gehirn, das weder sehen, noch hören, noch riechen, noch schmecken, noch tasten kann, nie im Original gezeigt. Stattdessen erreichen elektromagnetische Impulse das Gehirn, welches wiederum alles nur interpretiert – und DAS ist der Punkt. Aus dieser <u>Interpretation</u> formen wir Menschen uns nämlich unser subjektives und eigenes erschaffenes Bild von der Welt und dem Universum. Wir befinden uns in einer Realität, die uns unser Gehirn übersetzt, sie deutet und interpretiert. Wir glauben nicht das, was wir sehen, sondern wir sehen das, was uns unser Gehirn glauben macht. Das Ganze ist vergleichbar mit einem Blinden, der einen Elefanten ertastet und sich ein Bild von dem Elefanten macht, welches aber mit dem „Original" womöglich keineswegs übereinstimmt. Dem Blinden fehlen die erforderlichen Sinne, um der Sache richtig auf den Grund zu gehen.

Wenn man sich erst einmal fest verinnerlicht hat, dass es Kräfte gibt, die hinter den Dingen stehen und dass die materielle Welt lediglich die Oberfläche einer viel umfassenderen Realität darstellt, dann sind wir bereits einen großen Schritt weiter gekommen. Man kann unsere gesamte Realität als eine Dimension von verschiedenen Schöpfungsideen auffassen oder aber auch als ein Meer aus Wellen und Frequenzen. Ein Baum sieht gar nicht aus wie ein Baum, ein Stein sieht nicht aus wie ein Stein und ein Fluss sieht nicht aus wie ein Fluss – tatsächlich handelt es sich bei allem nur um eine Ansammlung von Energieteilchen. Wir selbst bewegen uns höchstwahrscheinlich als elektrische Impulse bzw. als Bewusstsein in einer besonderen Energieform durch die Unendlichkeit. Es gibt auch keine Farben, denn dabei handelt es sich um unterschiedliche Frequenzen des "weißen" Lichts im elektromagnetischen Spektrum, die vom Gehirn umgewandelt werden. Es ist immer unser Gehirn, welches die uns wohlbekannten und gewohnten Bilder, Geräusche, Gerüche usw. konstruiert, mit denen wir heute so vertraut sind.

Der griechische Philosoph Plato sagte einst, dass die Menschheit in einer Höhle sitzt und unentwegt die Wand anstarrt. Das Universum sind die Schatten, die an die Wand geworfen werden. Und die Menschheit hält diese Schatten für die Wirklichkeit. Das passt zur quantenphysikalischen Theorie des holografischen Universums, auf die wir in einem späteren Kapitel noch zu sprechen kommen.

Jahrhunderte lang vertrat die Wissenschaft den Aberglauben, dass unsere Sinneswahrnehmung uns die Welt so zeigt, wie sie tatsächlich ist. Jeder Mensch kann aber sehr leicht ergründen, warum dies nicht richtig sein kann, schließlich erfährt jeder Mensch durch seine Sinneswahrnehmung, dass die Welt flach und nicht rund auf uns wirkt, obwohl wir alle wissen, dass das nicht der Fall ist. Auch vermitteln mir meine Sinne nicht, dass ich mich auf einem Planeten befinde, der sich mit mehreren hunderttausend Kilometern pro Stunde durch das Universum bewegt und sich um seine eigene Achse dreht. Stattdessen kann ich die Bewegung der Welt weder sehen, noch hören, noch sonst wie mit meinen Sinnen direkt erfassen. Unsere fünf Sinne sagen uns auch, dass ein Tennisschläger, ein Auto oder unser eigener Körper fest sind. Leere Atome können aber keine festen Gegenstände bilden. Wir wissen heute, dass alles aus Atomen besteht und diese zum größten Teil aus leerem Raum bzw. Energie bestehen. Soviel zur Verlässlichkeit unserer fünf Sinne.

Es ist wichtig zu verstehen, dass die Energie, aus der unsere Realität nun einmal besteht, derart schnell schwingt, dass unsere fünf Sinne nicht imstande sind, dieser Schwingung zu folgen. Schwer zu verstehen? Ein Beispiel zum besseren Verständnis: eine Sekunde Film besteht aus 25 Einzelbildern. Auch diese Bilder sehen wir nicht einzeln, weil sie zu schnell für das menschliche Auge sind. Stattdessen präsentieren sich uns Millionen von Einzelbildern als ein abendfüllender Spielfilm. Oder nehmen wir als Beispiel unseren Computermonitor. Wir sind mit unserer eingeschränkten Sinneswahrnehmung nicht fähig, Tausende von einzelnen Pixel wahrzunehmen, aus denen sich das Monitorbild zusammensetzt, stattdessen sehen wir beispielsweise ein Bild von einem Auto, welches wir als Desktop-Hintergrundbild benutzen. Doch in Wahrheit handelt es sich dabei auf einer für uns nicht wahrnehmbaren Ebene nur um binäre Zahlenfolgen aus 1 und 0.

Wir halten noch mal fest: unsere Sinnesorgane reagieren alle auf Reize in Form von Schwingungen und leiten sie als elektrische Impulse an das Gehirn weiter. Ein elektrischer Impuls ist ein elektrischer Impuls, er ist keine Mona Lisa, kein Elvis Presley-Song und auch nicht die Farbe gelb oder der angenehme Duft eines favorisierten Parfüms. Wir erleben die Welt weniger dort draußen, sondern vielmehr IN UNS. Jeder Geruch, jeder Geschmack, jedes Bild, jedes Geräusch ist ein elektrischer Impuls, der IN UNS erlebt wird, weil unser Bewusstsein diesem Impuls erst eine Bedeutung gibt. Das Gehirn ist hierbei nur ein Hilfsmittel, welches von uns, unserem Bewusstsein, unserer Seele genutzt wird. Doch dazu mehr im nächsten Kapitel.

Haben wir erst einmal begriffen, dass wir in einer vernetzten Welt der Schwingungsenergien leben, auf die wir persönlich einwirken können mittels unseres Denkens und Fühlens, ist der erste Schritt getan, aus unserem unbewussten Dornröschenschlaf zu erwachen. Wir wachsen von innen nach außen. Der Gedanke ist folglich immer die Ursache. Man kann auch sagen, dass das gesamte Universum aus einem Urgedanken entstanden ist. Dieser Urgedanke war die Ursache, das Universum die Wirkung.

„Es sieht immer mehr so aus, als ob das ganze Universum nichts anderes ist als ein einziger grandioser Gedanke." (Albert Einstein)

Das Gesetz der Anziehung ist wie jedes andere Naturgesetz völlig wertneutral, es ist wie die Erde in unserem Garten. Was wir säen, das ernten wir. Der Erde ist es gleich, was wir säen. Es interessiert auch das Gesetz der Anziehung nicht, ob Du Christ, Moslem oder Jude bist, ob Du reich oder arm, groß oder klein, alt oder jung, männlich oder weiblich bist. Es gilt für jeden gleich. Ein gerechteres System lässt sich kaum denken. Dagegen muten die von Regierungen geschaffenen Gesellschaftssysteme ziemlich primitiv und rückständig an. Bislang war es so, dass der Großteil der Menschheit ihr Leben unbewusst erschaffen hat. Wir alle wissen, dass wir nachts schlafen und träumen, doch ist es nicht so, dass wir auch tagsüber träumen? Und zwar mit offenen Augen. Wie oft denken wir im Wachzustand an etwas, ohne uns dessen bewusst zu sein? Laut wissenschaftlicher Analysen über 40.000 Gedanken pro Tag – da kann kein nächtlicher Traum mithalten. Täglich denken Milliarden von Menschen unzählige Gedanken, die zum Teil völlig widersprüchlicher Natur sind, die alle Ursachen setzen, die sich entgegenstehen und das Chaos erschaffen, welches ihr Leben ausmacht - doch das muss nicht so bleiben. Wenn es uns gelingt, bewusst zu manifestieren, dann steht einem Wunschleben nichts mehr im Wege. Wie aber manifestiert man bewusst?

DIE PROBE AUFS EXEMPEL

Wenn man die Probe aufs Exempel machen will, dann muss man zuerst wissen, was man will. Indem man aufschreibt, was man unter keinen Umständen will, bekommt man schnell heraus, was man stattdessen will. Was erfreut Dich? Wofür begeisterst Du Dich? Was würdest Du tun, wenn es der letzte Wunsch in Deinem Leben wäre? Was würdest Du genau JETZT am liebsten tun, sagen, denken und fühlen? Worauf hast Du am meisten Lust? Was sagt Dir Dein Innerstes? Was würde Deine Bedürfnisse auf der tiefsten Ebene befriedigen? Kläre das für Dich und Du hast eine zielbewusste Schwingung.

Du kannst unendlich viele Wünsche haben, jedoch solltest Du sie nach Wichtigkeit ordnen und Dich zunächst einmal nur dem Wunsch ganz oben auf Deiner Liste widmen. Es ist übrigens eindeutig erwiesen, dass ein Mensch sich immer nur auf eine Sache auf einmal konzentrieren kann, er kann nicht gleichzeitig mehrere Sachen denken. Beim sogenannten „Multitasking" werden also nicht mehrere Aufgaben zugleich bewältigt, sondern das Gehirn unterbricht andauernd einen Denkvorgang und beginnt den nächsten, was unser Potenzial enorm schwächt.

Sobald absolut klar feststeht, was man eigentlich will, schreibt man seinen Wunsch in der Gegenwartsform und in der ICH-Form auf. Dann spricht man den Wunsch laut und deutlich mehrmals hintereinander aus. Auch Deine Worte sind die Träger Deiner Wünsche, ebenso wie Deine Gedanken und Gefühle.

Ein Redner hielt einen Vortrag über die Macht der Worte und welch großen Einfluss diese auf unser seelisches und körperliches Befinden haben. Einer der Zuhörer sagte: „Worte haben keine Macht über mich. Das sind nur Buchstaben. Nur weil ich mir sage, dass es mir gut geht, ändert das nichts an meinen Gefühlen." Der Redner rief dem Zuhörer daraufhin zu: „Halte Deinen Mund, Du blöder Hund. Du hast doch keine Ahnung, was Du da schwafelst." Der Zuhörer geriet außer sich vor Zorn, sein Gesicht lief rot an. Da hob der Redner seine Hand und sagte: „Entschuldigen Sie. Ich wollte Sie wirklich nicht beleidigen. Tut mir sehr leid." Der Zuhörer beruhigte sich wieder und der

Redner sagte: „Das war meine Antwort auf Ihren Einwand, dass Worte keine Macht haben. Ein paar Worte von mir machten Sie ärgerlich und ein paar beruhigende Worte beruhigten Sie. Verstehen Sie nun die Macht der Worte?"

Und beim Sprechen bitte den Fokus immer auf den Wunsch gerichtet halten, nicht auf die derzeitige Abwesenheit des Gewünschten. Wünsche ich mir also Gesundheit, dann formuliere ich nicht „Ich will nicht krank sein", sondern schreibe, dass ich mir Gesundheit wünsche.

Natürlich ist es mit der richtigen Formulierung alleine nicht getan.

„Nicht Worte sucht Gott bei Dir, sondern das Herz." (Augustinus)

Der Glaube bzw. die innere Überzeugung ist das entscheidende Werkzeug. Was Du glaubst, das manifestierst Du, und es steht uns absolut frei, unseren Glauben zu verstärken. Zum Thema Glauben gibt es ein sehr interessantes Experiment: zwei Gruppen von Menschen, die krank waren, wurden von Medizinern behandelt. Eine Gruppe wurde ganz „normal" behandelt, während die andere Gruppe neben der normalen, medizinischen Behandlung von Gläubigen aller möglichen Richtungen auch Gebete für ihre baldige Heilung erhielten. Die Patienten, für die gebetet wurde, wurden wesentlich schneller und leichter gesund, als die, für die nicht gebetet wurde.

„Wenn ihr nur so viel Glauben hättet, so groß wie ein Senfkorn und ihr zu diesem Berge sagen würdet: hebe dich hinweg, er würde es tun." (Jesus)

„Und alles, was ihr gläubig erbittet im Gebet, das werdet ihr empfangen" (Matthäus 21:22).

Es ist ausgesprochen wichtig, die Verbindung zum Gewünschten glaubhaft herzustellen. Versuche Dein Bewusstsein in das gewünschte Wunschobjekt, welches nicht materieller Natur sein muss, zu verlagern, es in Deinem Inneren zu Leben zu erwecken. Wie macht man das? Durch Visualisierung des Wunschobjektes, durch den Einsatz unserer Phantasie, die bekanntlich keine Grenzen kennt. Je bildlicher wir das Gewünschte vor unserem geistigen Auge sehen können, umso mehr befinden wir uns auf der Schwingungsebene, auf der sich auch unser Wunsch befindet. Das bedeutet, dass die elektromagnetischen Felder, die uns und das Gewünschte umgeben, zueinander kompatibel sind, in Resonanz stehen. Durch das Gesetz der Anziehung ziehen wir uns gegenseitig an und bewegen uns aufeinander zu. Das geistige Erleben des in der Phantasie bereits erfüllten Wunsches sollte ein freudiger Prozess sein, der uns abheben lässt vor Freude und Glücksgefühle. Erfreuen wir uns an unserem emotionalen Gedankenspiel so sehr, dass die Verwirklichung unseres Traumes nicht lange auf sich warten lässt. Haben wir das Gewünschte emotional erfasst, gehört es uns.

Experimente aus der Biomechanik haben eindeutig gezeigt, dass das menschliche Gehirn nicht in der Lage ist, zwischen Wirklichkeit und Phantasie zu differenzieren. Wenn wir uns also vorstellen, unser Wunsch sei bereits erfüllt, weiß das Gehirn nicht, dass es sich dabei lediglich um eine Vorstellung handelt. Stattdessen geht das Gehirn davon aus, dass es „nackte Realität" ist, es stuft die Vorstellung als REAL ein und davon ausgehend bildet sich unsere Wunschschwingung, die ohne Zweifel mühelos manifestieren kann. Unser Unterbewusstsein ist so eine Art instinktives Verlangen. Du musst nichts weiter tun, als Deine Wünsche in Dein Unterbewusstsein zu übernehmen, wo sie als Realität angenommen werden.

Es sind also immer unsere geistigen Bilder, die unsere Realität erschaffen. Im Laufe der Menschheitsgeschichte wurden immer neue Erfindungen gemacht: Autos, Fernsehen, Flugzeuge, Internet, Kernenergie und vieles mehr. Alles entsprang zuerst einem geistigen Bild, unserer Phantasie. Setze Deine Phantasie bewusst ein, denn so werden Träume Wirklichkeit. Alle Hilfsmittel, die Dir zur Verfügung stehen, um das geistige Abbild Deines in der Phantasie bereits erfüllten Wunsches zu intensivieren, solltest Du in Anspruch nehmen. Nutzt Du Bilder, Zeichnungen, Kontoauszüge, Videos, Musik, Zeitungsausschnitte, Collagen, Affirmationen, Mantras, um Deine Wünsche besser visualisieren zu können? Unterstütze Deine Phantasie mit diesen Hilfsmitteln, so dass sich das innere Bild Deiner Wünsche tief in Deine Psyche brennt. Identifiziere Dich zu 100% mit Deiner

Wunschvorstellung. Je mehr wir in unsere Wunschvorstellung hineintauchen, desto schneller manifestiert sie sich. Dabei spielt der Grad des WOLLENS natürlich eine tragende Rolle. Will ich etwas wirklich zu meiner Wirklichkeit machen, dann steht alles andere dafür zurück, dann WILL ich es mit jeder einzelnen Faser meines Körpers, dann WILL ich es mit Haut und Haaren, mit meinem ganzen Sein, mit der größtmöglichen Intensität.

Ein Meister und sein Schüler gehen schweigend an einem Fluss spazieren. Da fragt der Schüler plötzlich den Meister: „Meister, sagt mir, wie werde ich erleuchtet? Was habe ich zu tun?" Der Meister zögert nicht einen Augenblick, packt den Schüler am Kragen und zieht ihn dann bis in den Fluss hinein. Dort drückt er Gesicht und Oberkörper des Schülers vollständig unter Wasser. Der Meister hält den Schüler fest untergetaucht und dieser beginnt bereits nach wenigen Sekunden wild um sich zu schlagen. Doch der Meister lässt nicht locker und hält den Schüler weiter unter Wasser. Der Schüler versucht immer verzweifelter sich zu befreien, doch ohne Erfolg. Schließlich, der Schüler ist dem Ertrinken nahe, beendet der Meister das Untertauchen und der Schüler schießt aus dem Wasser, heftig nach Luft ringend. Der Meister fragt ihn: „Was ist in Deinem Kopf vorgegangen, als ich Dich unter Wasser hielt?" Darauf antwortet der Schüler: „Nun, zunächst dachte ich an verschiedene Dinge, aber nach ein paar Sekunden, als ich bemerkte, dass Ihr nicht loslassen würdet, da hatte ich nur noch einen Gedanken: Luft! Ich brauche Luft, sofort!" Nun lächelte der Meister: „Merke Dir die Intensität Deines Gedanken! Wenn Du mit derselben starken Kraft nach Erleuchtung strebst, so wirst Du sie bald erreicht haben!"

In erster Linie kommt es auf die Absicht hinter unseren Gedanken und Gefühlen an. Nicht so sehr was wir tun, zählt, sondern welches Bewusstsein, welche Gedanken dahinter stecken. Ist der Wunsch nach mehr Glück wirklich „echt", also frei von inneren Zweifeln und aus dem Herzen kommend, dann wird er wahr. Ohne gewünschten Input kann es keinen gewünschten Output geben.

Zweifel sind Steine auf dem Weg zu Deiner Wunscherfüllung. Lasse

Dich nicht verunsichern durch die besserwisserischen Kommentare Deiner Mitmenschen, die sich über Themen äußern, denen sie niemals selbst auch nur ansatzweise nachgegangen sind. Beginnt jemand eine Diskussion darüber, die Zweifel in Dir aufkommen lässt, dann beende diese sinnlose Debatte. Sie hilft Dir nicht und hält Dich vom Glücklichsein ab. Empfehlenswert ist es mit niemandem über Deine ureigensten Wünsche zu sprechen. Zweifel wird man natürlich nicht über Nacht los, denn sie sind meist fester Bestandteil unserer Glaubenssätze, doch je eher man damit beginnt, sich zu verinnerlichen, dass wir Menschen ALLES können, was wir uns vornehmen, desto eher leben wir bewusst und glücklich.

ALLES? Das hört sich übertrieben und unrealistisch an für Dich? Dann vergisst Du, dass das Gesetz der Anziehung keinen Unterschied zwischen „großen" und „kleinen" Wünschen macht – es handelt sich bei beiden Wünschen um reine Energie, mehr nicht. Es gibt keine "unrealistische Energie". Energie ist Energie. Deshalb sollten wir damit aufhören negativ zu schwingen und uns selbst zu begrenzen, nur weil man diese begrenzende Sichtweise von einer Welt vermittelt bekam, die keinen blassen Dunst von dem Gesetz der Anziehung hat.

Wenn Du bisher gar nicht positiv gedacht hast und ab sofort EINEN einzigen positiven Gedanken täglich denkst, dann bedeutet das eine Zunahme positiver Energie um ganze 100%. Und aus diesem einen Gedanken werden schnell zwei, drei, zehn, fünfzig und so weiter. Und ehe man sich versieht, wandelt sich unsere komplette Sicht auf die Welt und wir sehen alles viel optimistischer und positiver. Wissenschaftliche Untersuchungen haben gezeigt, dass bei optimistischen Menschen sogar die Sinnesorgane besser ausgeprägt sind. Im Klartext bedeutet das: positiv eingestellte Menschen sehen, hören, riechen, schmecken und fühlen besser (ihr Gehirn wandelt die elektrischen Impulse besser um). Daraus ergibt sich meistens, dass sie auch ihr Leben erfolgreicher meistern. Warum? Weil Optimisten weniger Angst kennen. Da, wo ängstliche und pessimistische Menschen Probleme sehen, sehen Optimisten willkommene Gelegenheiten und Herausforderungen. Für sie gibt es kein „unmöglich", sondern nur verschiedene Wege des Möglichen. Ein Weg dauert länger, ein anderer kürzer, aber schlussendlich bringen sie einen ans Ziel. Optimisten sind keine Träumer, wie sie gerne von weniger optimistischen Zeitgenossen etikettiert werden, sondern sie gehen mit der bestmöglichen Geisteshaltung durchs Leben, die sich denken lässt. Ihre positive Art wirkt sich auf ihre Schwingung aus, die keine inneren Blockaden kennt und unsere Wünsche leichter manifestieren kann.

Und jeder kann für sich selbst entscheiden, ob das Glas halb voll oder halb leer ist. Wir alle haben den freien Willen und können uns für eine Sichtweise entscheiden.

„Die Zukunft ... beruht ausschließlich auf dem freien Willen." (Nostradamus bzw. Michel de Notre Dame)

Worauf es noch zu achten gilt, ist das Loslassen des Wunsches. Was immer Du Dir auch wünschst, geschätzter Leser, klammere Dich nicht beharrlich daran fest. Ab einem bestimmten Punkt wird Verlangen unvernünftig, was dann gewöhnlich zu Schwierigkeiten führt. Das Leben ist eine Vorwärtsbewegung. Wichtig ist eine harmonische Schwingung und die erreicht man nur durch ein tiefes Vertrauen ins Universum. Je mehr wir uns an etwas klammern, umso mehr entfernt es sich von uns. Sich an etwas „festkrallen" geschieht nie aus Harmonie, sondern aus Angst, es zu verlieren. Ein Zeichen einer absolut disharmonischen Schwingung. Wir klammern uns auch nicht an einem Sonnenaufgang fest, weil wir uns davor fürchten, dass es morgen keinen Sonnenaufgang gibt, nicht wahr!?! Etwas loslassen in dem Vertrauen, dass man es nie verlieren kann, sorgt dafür, dass nicht wir dem Wunsch hinterher laufen, sondern der erfüllte Wunsch uns. So unlogisch das auf den ersten Blick auch klingen mag, es ist wahr. Man kennt das von kinderlosen Paaren, die sich jahrelang vergeblich Kinder wünschten. Und kaum hat man diese Situation akzeptiert und befindet sich innerlich wieder in der Mitte, erfüllt sich der Wunsch dann doch.

„Wünsche, an die wir uns zu sehr klammern, rauben uns leicht etwas von dem, was wir sein sollen und können." (Dietrich Bonhoeffer)

„Man kann niemals glücklich sein, wenn man danach strebt. Solange

man Glück oder "Sein" begehrt, wird es sich einem entziehen." (asiatische Weisheit)

„Glück gibt es nur, wenn wir vom Morgen nichts verlangen und vom Heute dankbar annehmen, was es bringt. Die Zauberstunde kommt doch immer wieder." (Hermann Hesse)

Und was sollte man dann tun?

Nichts, außer auf Zeichen achten, die uns signalisieren, wo wir unsere Wunscherfüllung empfangen können. Wir wissen zuvor nie, aus welcher Richtung unsere Wunscherfüllung zu uns kommt, deswegen sollten wir für alles offen sein und keine Möglichkeit ausschließen.

„Das Glück kommt oft durch eine Tür, von der man nicht wusste, dass man sie offen gelassen hat." (John Barymore)

Wenn sich unser höheres Selbst (der Teil von uns, der sich seines Selbst absolut bewusst ist) durch unsere Intuition dann bei uns meldet und uns einen Wink gibt, sollten wir darauf reagieren. Wer einen guten Draht zu seiner Intuition hat, der wird sich ganz intuitiv zu bestimmten Aktionen in der Außenwelt inspiriert fühlen und wissen, was er wann, wo und auf welche Weise zu tun hat. Und nach dem erfüllten Wunsch solltest Du Deine Wunscherfüllung gebührend würdigen. Wahre Dankbarkeit demonstriert, dass man nichts als selbstverständlich nimmt im Leben, und zudem erhöht sie unsere Grundschwingung beträchtlich.

Sobald Du die Verantwortung über Deine eigene Sichtweise übernimmst, wird sich alles fügen. Ich selbst kenne jemanden, der Krebs hatte und dem die Ärzte nur noch ein paar Monate gaben. Und was tat diese Person? Alles, was ihr Spaß machte. Alles, was sie all die Jahre zuvor gerne gemacht hätte, es aber viel zu selten tat. Freude haben, lachen, zahlreichen Hobbys nachgehen, alte Freunde besuchen. Und plötzlich, entgegen den Erwartungen seiner Ärzte, war er wieder gesund.

Die Welt ist also so, wie wir sie denken und empfinden. Denken wir diesen Gedanken zu Ende, ergibt sich daraus, dass es keinen Zufall gibt, es ihn nie gab und es ihn niemals geben wird. Wie sollte ein Zufall auch existieren können, wenn in unserem Universum alles auf Aktion und Reaktion, auf Ursache und Wirkung beruht? WIR sind es, die die Wirklichkeit prägen, die wir täglich erleben. Niemand sonst. Alles in unserem Leben hängt davon ab, wie WIR das Leben sehen.

„Gott würfelt nicht." (Albert Einstein)

Das Gesetz der Anziehung funktioniert IMMER, in guten wie in schlechten Zeiten. Auch wenn man sie nicht sehen, hören oder riechen kann, so spürt man die Auswirkungen unserer zuvor gesetzten Ursachen IMMER.

„Kraft macht keinen Lärm. Sie ist da und wirkt." (Albert Schweitzer)

Das Gesetz der Anziehung gilt für ALLE Menschen, ob positiv oder negativ eingestellt. Wenn man das immer vor Augen behält, dann weiß man, dass nichts ohne Konsequenzen ist. Wenn wir einen Stein ins Wasser werfen, erzeugt er Wellen, unabhängig davon, was für ein Mensch den Stein geworfen hat. Verinnerlichen wir uns die schöpferische Macht unserer Gedanken und Gefühle, dann sind wir uns bewusst darüber, dass jeder einzelne Gedanke, jedes Gefühl, jedes geschriebene und gesprochene Wort und jedwede Handlung Folgen für uns haben. Aus eben diesem Grund sollten wir bewusst denken, bewusst fühlen und bewusst handeln.

Was aber ist eigentlich das Bewusstsein? Das, dessen wir uns voll und ganz bewusst sind. Und um was handelt es sich dann bei unserem Unterbewusstsein (oder Unbewusstem)? Um alles, dessen wir uns noch nicht bewusst sind. Das Bewusstsein ist relativ klein im Gegensatz zum Unterbewusstsein und der Prozess des Bewusstwerdens geht einher mit Lebenserfahrungen, die immer mehr Teile unseres Unterbewusstseins bewusst werden lassen. Und je bewusster wir sind, desto fähiger sind wir, unser Leben in die eigenen Hände zu nehmen. Um einen hohen Bewusstseinszustand zu erreichen, sollten wir sorgfältig darauf achten, womit wir unser Bewusstsein „füttern".

Das Fernsehen bombardiert uns gnadenlos mit disharmonischen Bildern und Worten. Terror, Arbeitslosigkeit, Morde, Vergewaltigungen, Kriege, Unfälle, Rechtsstreitereien, Betrügereien, Hass, Wut, Gewalt – alles Ausdruck von Mangel an Liebe. Ob Nachrichten, Filme, Kindersendungen, Fernsehshows – fast alles oberflächlich, verdummend und disharmonisch. Meide solche negativen Energiequellen, denn wenn Du Dich den negativen Dingen nicht öffnest, dann können sie Dich auch nicht beeinflussen. Richten wir unsere Aufmerksamkeit nicht auf so einen Quatsch. Richten wir sie lieber auf Glück, Liebe, Freude, auf Fülle und Schönheit.

Natürlich gibt es wissenschaftshörige Menschen, die behaupten, man könne die Existenz des Gesetzes der Anziehung in letzter Instanz nicht beweisen. Ist der Glaube stark genug, spielen „wissenschaftliche Fakten" keine Rolle mehr, denn dann kommt es zu regelrechten Turbomanifestationen. Ich glaube gar nicht mehr daran, ich WEISS, dass es so ist. Etwas wissen hat nichts mit wissenschaftlichen Beweisen zu tun. Ich z. B. WEISS, dass ich meine Mutter liebe und dass sie mich liebt, obwohl man das wissenschaftlich nicht messen oder sonst wie beweisen kann. Dass es aber so ist, sagt mir mein Gefühl, welches direkt aus dem Herzen kommt. DAS schlägt jede wissenschaftliche Methode und ist wahres WISSEN. Zudem sollte man niemals vergessen, dass die Wissenschaft wie ein kleines, heranwachsendes Kind ist, welches ständig dazulernt und seinen Horizont von Jahr zu Jahr erweitert. Wissenschaft ist wie ein Fernglas, dessen Reichweite begrenzt ist und die sich oft anmaßt zu behaupten, das außerhalb des eigenen eingeschränkten Blickfeldes nichts existiert. Glücklicher Weise löst die Quantenphysik diese dogmatische Denkweise ab, indem sie uns sagt, dass alles möglich ist.

DU BIST EINE SEELE

Neben dem Gesetz der Anziehung ist weiterhin für uns interessant, wie wir Menschen eigentlich beschaffen sind, was wir darstellen und was alles zu uns gehört. Denn wenn Du nicht weißt, WER oder WAS DU bist, dann bist Du das, was übrig bleibt. Und das ist weniger als das, was Du tatsächlich bist. Du bist nämlich WESENTLICH mehr, als Dir derzeit bewusst ist.

Komische Einleitung für ein Kapitel, wird jetzt so mancher Leser sagen, denn schließlich weiß man doch, wer man ist. Man hat einen eigenen Namen, eine Anschrift, unter der man lebt, man hat eine bestimmte Nationalität, womöglich eine Religionszugehörigkeit und man kennt sich selbst doch ganz genau. Doch wir und die Welt, in der wir uns befinden, sind viel umfassender und gefächerter, als wir uns das denken. Ein Name, den man uns gegeben hat, eine Adresse, unter der wir wohnen, eine Staatsangehörigkeit – all das kann unser wahres Wesen nicht erfassen und zudem kann ich meinen Namen und meine Wohnanschrift ändern, ebenso meine Staatsangehörigkeit und meine Konfession. Selbst unser Körper verändert sich ununterbrochen, jede einzelne Zelle tut das jeden einzelnen Augenblick unseres Lebens, unsere Stimme verändert sich, unsere Haarfarbe, unsere Haut. Wenn aber alles, was uns angeblich ausmacht, einem ständigen Wandlungsprozess unterworfen ist und nie aktuell bleibt, was genau ist es, was wir als unsere Identität bezeichnen können? Gibt es etwas Konstantes was uns ausmacht, von unserer Geburt bis zu unserem physischen Ableben, etwas, was uns die Antwort auf die Frage gibt, wer wir sind? JA, gibt es – und zwar unser Bewusstsein, unsere SEELE. Die Seele ist der Kern unserer Wirklichkeit, dasjenige, welches unser wahres Wesen bildet, sowohl im Neugeborenen-Alter, als auch im Seniorenalter.

Schau Dir zum Beispiel Deinen Lebenslauf an. Was sagt dieser über Dein Leben aus? Eine ganze Menge? Mitnichten. Er sagt über Dein Leben gar nichts aus. Er sagt nur etwas über Deinen Lebensinhalt etwas aus. Und das ist nicht dasselbe. Erst wenn es Dir gelingt Dich von Deinem Lebensinhalt zu trennen, erst dann löst Du Dich von Deinem Ego. Denn Dein Lebensinhalt wurde hauptsächlich von Deinem

Ego produziert, nicht von Dir. Das Leben selbst ist mehr als nur der Inhalt, es ist eine unvorstellbare Energie, die Dich erfüllt. Hier gilt es zu unterscheiden zwischen SEIN und TUN. Der Lebensinhalt setzt sich aus dem zusammen, was man TUT – mehr nicht. Doch dies ist nicht das Leben selbst. Das Leben selbst IST. Man muss dafür nichts tun. Ohne das Leben selbst gäbe es keinen Inhalt, so wie es ohne ein Buch keinen Buchinhalt gäbe.

Es ist heute kein Geheimnis mehr, dass wir in einem mehrdimensionalen Universum leben, in einer sogenannten HYPERWELT voller unterschiedlich schwingender Dimensionen, die alle miteinander verwoben sind. Und da wir Menschen mehrdimensionale Wesen sind, wie ich gleich noch darlegen werde, leben wir in allen Dimensionen gleichzeitig, so unglaublich dies auch klingen mag. Was für unsere Bewusstseinsentwicklung von unglaublicher Wichtigkeit ist, ist die Verinnerlichung der Tatsache dass wir Menschen keine Seele haben, sondern dass wir die Seele SIND. Ja, richtig gelesen. Eine Seele haben ist ein folgenschwerer Definitionsirrtum, denn man kann nicht etwas haben, was man selbst ist. Wir sind eine unsterbliche Seele und der menschliche Körper ist nur ein Transport- und Hilfsmittel (das Kleid der Seele), bestehend aus Fleisch und Blut. Man kann auch sagen, dass jeder Mensch auf Erden eine „verkörperte" Seele ist. Jedes Mal, wenn eine Seele aus einer höher schwingenden Dimension in die dritte Dimension kommt (als Baby geboren wird) und sich in einen physischen Körper einnistet, empfindet sie es als schmerzlichen Verlust ihrer Freiheit (deshalb lachen Babys nach der Geburt nicht, sondern weinen). Anstelle von Seele kann man auch ewiges Bewusstsein sagen. Jetzt höre ich schon alle Menschen aufschreien, die sich selbst für eine erbärmliche Anhäufung von Zellmasse halten, dass es so etwas wie eine Seele gar nicht gibt. Diesen Menschen gilt der Aufruf, ihre Bedenken einfach einmal im Zaum zu halten, fair zu bleiben und einfach weiter zu lesen. Die Seele (also WIR) ist im Gegensatz zu unserem Körper und dem Universum nicht „materiell", sondern spiritueller Natur. Damit wir in dieser materiellen Dimension klarkommen, benötigen wir verschiedene materielle Körper. Die folgenden Erklärungen sind auf drei Körper beschränkt, weil nur diese im vorliegenden Buch von Bedeutung sind.

Beginnen wir zunächst einmal mit dem „Fleischkörper", der in einer materiellen Welt unentbehrlich ist, da wir ohne ihn keine Handlungen ausführen können. Darüber befindet sich der feinstofflichere und höher schwingende „Gefühlskörper" (Astralkörper), der den Sitz unserer Gefühle darstellt. Noch höher schwingend ist der feinstoffliche „Gedankenkörper" (Mentalkörper), der Sitz unserer Gedanken. Alle diese Körper sind feinstofflich und somit materiell, auch wenn die letzten zwei für das menschliche Auge unsichtbar sind. Und über allem steht die Seele (also WIR), die einen Teil unseres Bewusstseins ausmacht (das ganze Bewusstsein setzt sich aus unserem jetzigen Bewusstsein und dem sogenannten höheren Selbst, welches nicht in diesem materiellen Universum ist, zusammen).

Das Gehirn, welches von der Wissenschaft allzu gerne überschätzt wird, ist lediglich ein materielles, biologisches Hilfsmittel, welches als Schnittstelle (in der Zirbeldrüse) zwischen der Seele (also DIR) und dem Fleischkörper dient. Die Seele erfüllt alle nicht-materiellen Funktionen, und das Gehirn nur die rein chemischen. Unser Gehirn gehört zu unserem physischen Körper, aber das sind nun mal nicht "Wir"! Jeder Mensch, der sich mit seinem Körper gleichsetzt, begrenzt sich selbst. Wir sind nämlich weitaus mehr. Natürlich ist das menschliche Gehirn ein biologisches Wunderwerk, welches allen Computern der Welt haushoch überlegen ist. Es besteht aus zehn Milliarden Nervenzellen (Neuronen) und aus hundert Billionen Synapsen, welche die Neuronen miteinander verbinden. Das ist in der Tat sehr eindrucksvoll, doch letztendlich ist das Gehirn nicht mehr als ein guter Motor, eine wirklich tolle Hardware, ein leistungsstarker biologischer Computer. Doch selbst der allerbeste Computer der Welt taugt nichts ohne die Software und ohne einen Menschen, der den Computer bedient. Nun, die Software ist in diesem Fall unsere Seele, welche ein Teilbewusstsein des höheren Selbst darstellt. Sie belebt die Hardware und erfüllt sie mit Lebensenergie. Ohne die Software SEELE ist die Hardware GEHIRN bzw. FLEISCHKÖRPER zwar schön anzuschauen, aber völlig nutzlos. Und der Mensch, der den Computer bedient, ist das höhere Selbst (also WIR komplett), unser Gesamtbewusstsein, welches der Seele (also UNS, nicht komplett) per Intuition die richtigen Eingebungen (Eingebung=Eingabe von Informationen) gibt.

Unser Lebensziel ist es unter anderem, uns unseres höheren Selbst bewusst zu werden, denn dann sind wir nicht länger geteilt, und ohne Teilung verschwindet jegliches Unglück aus unserem Leben. Wenn unser menschlicher Körper die Hardware, unsere Seele die Software und das höhere Selbst (also wir komplett) der Mensch vor dem Computer ist, bleibt nur noch die Frage offen, wer den Computer erfunden hat? Wer hat ihn entwickelt? Von alleine kann das ja wohl nicht passiert sein, denn wie sagt der Volksmund: „Von nichts kommt nichts." Wer hatte die Idee alles zu erschaffen? Das, was die Wissenschaft gerne mit der löchrigen Evolutionstheorie zu erklären versucht, ist schon lange widerlegt. Die Evolution mag zwar das Werkzeug sein, mit dem etwas Neues geschaffen wird, doch auch dieses Werkzeug muss von jemandem bedient werden. Und wer ist es, der das Werkzeug bedient? Das universale Bewusstsein (oder Gott), das nichts anderes ist, als die Summe von ALLEM-WAS-IST.

Im ersten Kapitel schrieb ich darüber, wie alles, was wir mit unseren fünf Sinnen erfassen, in elektromagnetische Impulse transformiert und ans Gehirn weitergeleitet wird. Dort erst werden diese Impulse in Bilder, Geräusche usw. umgewandelt und erlebt. Doch wer ist es, der all das erlebt? Wer erlebt einen verführerischen Kuss, den Geschmack einer saftigen Kirsche, das Streicheln eines Hundebabys, das Zwitschern der Vögel, die Windbrise, den Regen, den Sonnenschein, die Lieder seines Lieblingssängers, den schönen Spielfilm usw.? Das Gehirn? Wohl kaum, denn es besteht aus unbewussten Atomen, also im Grunde aus nichts. Es ist etwas jenseits des Gehirns, etwas Bewusstes. Der Mensch hat außerhalb seiner verschiedenen Körper seine wahre Existenz. Diese Existenz, welche die Bilder innerhalb des Gehirns "sieht", alle Töne innerhalb des Gehirns "hört", alle Gerüche innerhalb des Gehirns „riecht", alle Geschmäcker innerhalb des Gehirns „schmeckt" und alle Berührungen innerhalb des Gehirns „fühlt", ist das Bewusst-SEIN, ist die Seele. Ohne Seele, die beobachtet, würde alles nur als reines Potenzial existieren. Ich habe ja bereits im vorangegangenen Kapitel erläutert, dass wir die Welt nicht mit den Augen sehen. Denken wir hierbei an Nahtoderlebnisse, wenn Menschen nach ihrem Erwachen aus einem Koma erzählen können, was ihre Verwandten für Kleidung trugen, als sie im Krankenhaus zu Besuch kamen. Die Koma-Patienten sahen während ihres Komas etwas, ohne ihre Augen zu öffnen.

Natürlich läuft diese Auffassung dem alten wissenschaftlichen Weltbild zuwider, denn sie würde ja die meisten der bisherigen Auszeichnungen und Leistungen zunichte machen. Dies lässt kein Ego gerne zu.

Es gibt also Menschen, die glauben nicht nur an die Theorie, dass sie eine unsterbliche Seele sind, nein, sie WISSEN es. Durch eine Nahtoderfahrung haben sie etwas erfahren, was der größte Teil der Menschheit für esoterisches Geschwätz hält. Jeder Mensch, der eine Nahtoderfahrung erlebt hat, muss erst einmal die Erfahrung verdauen, dass er wesentlich mehr ist als sein Fleischkörper, und dass es neben unserer Dimension andere, für unsere begrenzten fünf Sinne, nicht wahrnehmbare Welten gibt. Wie gesagt, er weiß dann nämlich, dass er eine unsterbliche Seele ist und in einem mehrdimensionalen Universum, einer sogenannten Hyperwelt, lebt. Unsterblich bedeutet, dass mit dem Tod nicht alles aus und vorbei ist, so wie es der gewöhnliche Konsummensch annimmt. Zum Zeitpunkt des Todes legen wir lediglich unseren Fleischkörper ab, unser Bewusstsein bleibt jedoch erhalten. Im Augenblick des Todes ist sich der Mensch seines Selbst BEWUSST geworden und der Beschaffenheit des Universums, doch kann er nach seiner Nahtoderfahrung kaum mit jemandem darüber sprechen, der nicht auch solch eine Erfahrung gemacht hat. Die meisten Menschen laufen mit Scheuklappen durch die Welt, kümmern sich um belanglose Dinge, kennen die Gesetze des Lebens nicht und werden einen bewusst lebenden Menschen, der eine Nahtoderfahrung erfahren hat, durch ihre Unwissenheit für verrückt halten, weil sie die Grenzen ihrer Vorstellungskraft für die Grenzen der Welt halten. Auch hier zeigt sich wieder das Ego, welches nach der Prämisse lebt: „Was ich nicht weiß, gibt es nicht." Diese Jenseits-Erfahrungen sind im Normalfall derart paradiesisch, dass so manch einer seinen gesamten Besitz dafür hergeben würde, um noch einmal das von der Materie frei gewordene Bewusstsein genießen zu dürfen.

Die meisten Menschen gehen davon aus, dass sie ein Lebewesen sind, welches IN einem Universum lebt. Schließlich kann der Mensch dieses Universum mit seinen fünf Sinnen erleben, also muss es dieses Universum auch geben. Er sieht, hört, riecht, schmeckt und ertastet die Welt um sich herum. Er unterscheidet also zwischen sich und der Welt, in der er lebt. Nun haben aber viele Menschen nach einer Nahtoderfahrung darüber berichtet, dass es da draußen, also außerhalb von ihnen, überhaupt keine Welt gibt, wie sie sich unseren Sinnen darstellt. Es gibt nur ein Bewusstsein, welches IN uns ist und sich im Außen lediglich spiegelt.

Laut unzähligen Menschen, die eine Nahtoderfahrung hinter sich haben, gibt es dort draußen also keine „Welt", wie unser Gehirn es uns durch die Transformation und Deutung von elektromagnetischen Impulsen präsentiert, sondern nur ein Energiemeer, welches durch unser Bewusstsein formbar ist. Dies deckt sich mit einigen quantenphysikalischen Theorien (Theorie: „Alles Stoffliche ist reines Bewusstsein") und mit vielen esoterischen Quellen. Und es deckt sich auch mit dem Gesetz der Anziehung, welches aussagt, dass alles, was IN uns ist, sich draußen widerspiegelt bzw. manifestiert. Und wer steht dieser Einsicht im Wege? Unser bisheriges mediengebildetes und schulgeprägtes verstümmeltes Bewusstsein, welches man als Ego oder auch als Unbewusstsein bezeichnen kann.

Warum erzähle ich Dir das alles? Was hat all das mit dem Manifestieren seiner Wünsche und dem Ego zu tun? Nun, um Dein volles Potenzial zu entfalten, musst Du Dich selbst erst einmal kennen lernen. Doch wie solltest Du Dich selbst kennen lernen, wenn Du bislang in einer Scheinwelt gelebt hast und Dich für einen bloßen biologischen Automaten gehalten hast, der aufgrund von elektromagnetischen Impulsen im Gehirn und dank chemischer Vorgänge im Körper „funktioniert". Erst einmal muss Dir bewusst sein, was die Wahrheit ist, denn dann erst kannst Du DU SELBST sein.

Und erst wenn das der Fall ist, kannst Du Dir ein glückliches Leben manifestieren.

DAS HOLOGRAFISCHE UNIVERSUM

„Du und ich: Wir sind eins. Ich kann Dir nicht wehtun, ohne mich zu verletzen." (Gandhi)

„Die ganze Welt ist ein einziger Geist." (Zen-Meister Fa Yen)

Nun werde ich Dich dahingehend in-FORM-ieren, welchen Paradigmenwechsel das wissenschaftliche Verständnis derzeit durchmacht, was die Beschaffenheit des Universums betrifft. Die Quantenphysik ist zu der Erkenntnis gelangt, dass das Bewusstsein eine grundlegende Eigenschaft aller Materie ist, mehr noch, Bewusstsein ist die Grundlage allen Seins. Jeglicher physikalische Prozess lässt sich von Menschen geistig beeinflussen, selbst über die größte Distanz hinweg. Eine wachsende Zahl seriöser Wissenschaftler vermutet deshalb, dass das Universum ein Hologramm ist, das eine übergeordnete Wahrheit widerspiegelt. Doch immer der Reihe nach. Bevor wir auf das Besondere bei Hologrammen zu sprechen kommen, sollten wir zuerst klären, wie die Wissenschaft dazu kommt, dem menschlichen Bewusstsein eine derart gewaltige Macht zuzuschreiben.

1982 entdeckte das Forscherteam um den Physiker Alain Aspect an der Universität von Paris, dass subatomare Partikel (z.B. Elektronen) imstande sind, ohne zeitliche Verzögerung und egal wie weit voneinander entfernt, ob wenige Meter oder Tausende von Kilometern, miteinander zu kommunizieren. Jedes Teilchen scheint immer genau zu wissen, was das andere macht, als besäßen sie sämtliche Informationen über das Verhalten aller anderen Teilchen. Der Physiker David Bohm von der Universität von London geht davon aus, dass diese Kommunikation nur deshalb möglich ist, weil die Partikel, aus denen wir und das gesamte Universum bestehen, überhaupt nicht voneinander getrennt sind. Vielmehr scheinen wir alle eine allumfassende, universelle Einheit zu bilden, in der alles miteinander interagiert. Da die Wissenschaft vornehmlich in räumlichen Kategorien denkt, fällt es ihr schwer zu begreifen, wie sich subatomare Teilchen über weite Distanzen ohne Zeitverzögerung "unterhalten" können. Das ist wie mit einem Wassertropfen in einem Swimming-Pool. Man kann sagen, dass gaaaaanz viele Wassertropfen im Pool sind, doch im Grunde bilden alle Wassertropfen eine Einheit. Von diesem Blickwinkel ausgehend gibt es gar keine Kommunikation zwischen vielen, unterschiedlichen Teilchen oder Tropfen, sondern höchstens ein Selbstgespräch der Einheit mit der Einheit. Diese quantenphysikalischen Erkenntnisse helfen uns, die Wirkungsweise des Gesetzes der Anziehung besser zu verstehen. Denn wir und alles, was wir manifestieren wollen, sind bereits eins.

Der menschlichen Perspektive, die dazu neigt, alles zu kategorisieren und in Gruppen einzuteilen, erscheint das wenig nachvollziehbar, da jeder Mensch aus seiner Perspektive eben nur einen winzigen Ausschnitt der Realität erfassen kann. Man stelle sich vor, man beobachtet in einem Zoo auf drei Bildschirmen einen Löwen, der von drei verschiedenen Kameras gefilmt wird. Da alle drei Kameras aus einer anderen Perspektive den Löwen aufnehmen, könnte der Eindruck entstehen, dass es sich um drei verschiedene Löwen handelt, doch tatsächlich ist es so, dass es ein- und derselbe Löwe ist. Genau dasselbe Phänomen sieht Bohn bei Aspects Experiment bezüglich subatomarer Partikel, nämlich dass sie überhaupt nicht voneinander getrennt sind, sondern nur als getrennt voneinander wahrgenommen werden. In diesem Zusammenhang kam man zu der These, dass das gesamte Universum nichts anderes als ein Hologramm einer großen, unsichtbaren Machtquelle ist. Um was für eine Macht es sich dabei handelt, ist ungewiss. Manche nennen sie ewiges Bewusstsein, andere bevorzugen die Bezeichnung Matrix und wieder andere sagen Gott dazu. Der Name, den wir Menschen dieser Machtquelle, der natürlich auch wir selbst entspringen, geben, ist unwichtig. Worauf es ankommt, ist, dass diese Machtquelle alles beinhaltet, was existiert – deshalb ist auch das bewusste Erschaffen und Manifestieren möglich, denn innerhalb dieser Machtquelle, mit der wir alle verbunden sind, existiert eine Art kosmisches Lager für alles, was wir uns vorstellen können.

Wenn ich davon spreche, dass wir alle ein- und derselben Quelle entstammen, dann meine ich damit, dass wir Teil dieser Quelle sind. Nennen wir diese Quelle z.B. Gott, dann sollte uns klar sein, dass Gott und wir, unsere Welt, das gesamte Universum nichts voneinander Getrenntes sind, sondern dass wir Teile von Gott sind, ebenso wie Wassertropfen Teile des Ozeans und Sandkörner Teile der Wüste sind. Im Grunde bin ich das in einem Menschen manifestierte Universum. Oder auch: nicht wir sind im Universum, sondern das Universum ist in uns. Deshalb ist es uns ja erst möglich, alles was wir wollen zu manifestieren, weil ja bereits alles in uns vorhanden ist. Wenn wir "ich" sagen, ist das im Grunde nur ein Bezugspunkt innerhalb eines allumfassenden Energiemeeres. Bleibt man in diesem "Ich-Denken" gefangen, grenzt man sich selbst aus und macht es sich unnötig schwer. Die Schöpfung hat sich aus sich selbst heraus geschaffen, da ja nichts anderes außer der Schöpfung da ist - sie ist ALLES-WAS-IST. Was immer aus der Schöpfung geboren wird, ob Menschen, Tiere, Pflanzen oder sonst etwas, ist somit ein Teil der Schöpfung. Beides besteht ja aus derselben Energie, aus demselben "Material". Wenn zwei Menschen sich vereinigen, entsteht daraus auch keine Katze oder ein Papagei, sondern wieder ein Mensch. Und wenn wir alle aus Gott entstanden sind, sind wir dann nicht alle göttlich? Nimmt man alle Teile unserer Realität zusammen, stellen sie erst das große Ganze dar. Unser Herz ist zugleich das Herz des Universums. Wenn ein Mensch voller Glauben betet, dann findet im Grunde eine Kommunikation statt zwischen dem Teil von uns, welcher seine Göttlichkeit vergessen hat, sowie dem Teil von uns, der sich seiner göttlichen Herkunft noch bewusst ist (das höhere Selbst).

„Der Mensch ist von Gott nie weiter entfernt als ein Gebet." (Mutter Teresa)

„Durch Gebet erlangt man alles. Gebet ist eine universelle Arznei." (Novalis)

Der Hologramm-These zufolge ist in unserem Universum NICHTS von etwas anderem wirklich getrennt oder abgegrenzt. An der Oberfläche scheint alles durch Verschiedenartigkeit, Raum und Zeit voneinander getrennt zu sein, unter der Oberfläche aber ist alles raum- und zeitlos eins und ungeteilt. Alles geht durch unsere Schwingungsenergie ineinander über. Denke hierbei an Wellen im Ozean, bei denen der Übergang ebenfalls fließend ist. Der englische Physiker Bell ist ebenfalls fest davon überzeugt, dass nichts voneinander getrennt ist und entwickelte die sogenannte Bell'sche Theorie, die ebenfalls besagt, dass Menschen, Tiere, Pflanzen und alles nur Erdenkliche zueinander in Wechselwirkung stehen. Der Biologe Rupert Sheldrake beschrieb diese Verbundenheit zwischen allem was existiert als morphogenetisches Feld. Jegliche Trennungen sind diesen Thesen zufolge künstlich und gegen die Natur. Selbst Raum und Zeit wären nach dieser These keine wirklichen Grundgrößen mehr, denn wenn alles miteinander verbunden ist, dann gibt es keinen Unterschied zwischen Vergangenheit, Gegenwart und Zukunft. Einstein sagte bereits, dass Vergangenheit, Gegenwart und Zukunft gleichzeitig stattfinden und dass lediglich unser eingeschränkter Verstand die Zeit als linear erlebt, obgleich sie nicht-linear ist. Durch das Modell des holografischen Universums lassen sich auch parapsychologische Phänomene wie Telepathie, Präkognition, Psychokinese und Selbstheilung nachvollziehen. Und die Grundsubstanz dabei ist immer der Geist.

Sehen wir uns so ein Hologramm einmal etwas näher an, was genau versteht man darunter? Um z.B. ein Hologramm von einem Kaktus zu erhalten, bestrahlt man ihn mit Laserlicht. Danach richtet man einen zweiten Laserstrahl auf das reflektierte Licht des ersten Strahls. Die dabei entstehenden Muster der Überlagerung von mehr als einer Lichtwelle (Interferenzmuster) werden auf Film festgehalten. Wenn man den Film entwickelt hat, sieht man einen Mix aus Licht- und Schattenlinien. Sobald man aber den Film mit Laserlicht derselben Wellenlänge durchleuchtet, die man bei der Aufzeichnung benutzt hat, hat man ein dreidimensionales Bild vom Kaktus – ein Hologramm. Jeder hat schon mal ein Hologramm gesehen, so z.B. auf seiner Geldkarte oder auf einem Geldschein.

Das Besondere an Hologrammen ist Folgendes: wenn ein Hologramm z.B. ein Haus darstellt und es halbiert wird, dann enthalten beide Hälften weiterhin das komplette Bild des Hauses. Nun kann man die Hälften unendlich oft weiter teilen, trotzdem wird jede Hälfte weiterhin das komplette Bild des Hauses enthalten. Was sagt uns das? Das alle Teile, alle einzelnen Punkte eines Hologramms immer die Gesamtinformation des kompletten Bildes in sich tragen. Das Ganze ist in allen Teilen enthalten und die Teile sind im Ganzen enthalten. Man kann auch sagen: jedes Teilstück ist kein Bestandteil des großen Ganzen, nein, es ist ein „kleines Ganzes". Diese Erkenntnis gibt uns ein völlig neues Bild des Universums, in dem wir leben. Da auch wir Teil des holografischen Universums sind, tragen wir das Potenzial des gesamten Universums in uns und sind mit ihm verbunden. Man kann auch sagen, dass wir die Miniaturform des gesamten Universums sind. Würde man das Universum in unendlich viele „Stücke" schneiden, so wäre das gesamte Universum in jedem noch so kleinen „Stück" enthalten. Ein Staubkorn ist also genauso wertvoll wie ein Planet, jedes Atom so wertvoll wie eine Galaxie, und alle sind sie miteinander verbunden, alles wirkt aufeinander. Diese Erkenntnis sollte uns dazu bringen, jeden Menschen, die Natur, die gesamte Welt so zu behandeln, wie man selbst auch gerne behandelt werden möchte. Wenn wir anderen etwas Gutes tun, dann tun wir uns selbst auch etwas Gutes. Wenn wir anderen helfen, dann helfen wir uns auch selbst. Wenn wir anderen schaden, dann schaden wir uns selbst. Das Universum ist einheitlich. Sobald man etwas voneinander trennt, schafft man Disharmonie. WIR SITZEN ALLE IM SELBEN BOOT UND SOLLTEN UNS VOR DIESER WAHRHEIT NICHT ABKAPSELN.

Eines Tages hatten es die Organe und Körperteile satt, für den Magen die Nahrung zu beschaffen. Sie beklagten sich darüber, dass der Magen nichts für sie tat. Sie beschlossen, den Magen nicht mehr mit Nahrung zu versorgen. Dadurch wollten sie ihn zwingen, selbst tätig zu werden. Die Hände führten kein Essen mehr in den Mund, die Zähne kauten nicht mehr. Doch der Magen tat nichts, um Nahrung zu beschaffen. Und so wurde der Körper immer schwächer und drohte zu verhungern – und das betraf alle. Also nahmen die Organe und Körperteile ihre Arbeit wieder auf.

Jede Zelle von uns weiß genau, was alle anderen tun, sonst würde der menschliche Körper auseinander fallen. Alles hängt miteinander zusammen. Bis heute kann uns z.B. die Wetterforschung trotz hoch präziser Satellitenbilder nie das genaue Wetter voraussagen, da alles in unserem Universum in Wechselwirkung zueinander steht. Das Krabbeln einer Ameise in Afrika kann Auswirkungen auf das Wetter in Kanada haben. Jeder einzelne Gedanke, jedes einzelne Gefühl und jede einzelne Handlung hat Auswirkungen auf das gesamte Universum. Wie im Großen, so im Kleinen, und wie im Kleinen, so im Großen. Und die Summe aller Dinge im Universum bildet eine universale Einheit.

Manch einer fragt sich jetzt vielleicht, ob die Individualität auf der Strecke bleibt, wenn auf einer höheren Ebene alles zusammenhängt. Stell Dir dazu einmal einen Wassertropfen vor, der sich davor fürchtet, in den Ozean einzutauchen, weil er Angst davor hat, seine Einzigartigkeit zu verlieren. Er sieht sich selbst als klein und erbärmlich im Vergleich zum großen und mächtigen Ozean. Und er glaubt irriger Weise, er würde seine Identität verlieren, wenn er in den Ozean eintaucht. Dabei verliert er seine Identität keineswegs, sondern der Ozean wird ein Teil des Wassertropfens und seine Möglichkeiten sind dadurch unendlich viel größer. Der Sufi-Meister Kabir drückt das einmal mit einer schönen Metapher so aus: „Der Tropfen geht im Ozean auf und der Ozean im Tropfen." Es gibt keine Begrenzung, wir sind sowieso alle eins, also wie sollte man sich verlieren? Der Ozean ist ewiges, universelles Bewusstsein, ebenso wie auch der Wassertropfen ewiges, universelles Bewusstsein ist. Und genau so ist es auch bei allem anderen, auch bei uns Menschen. So attraktiv uns unsere Indivi-DUALITÄT auch erscheinen mag, sie ist nichts anderes als Trennung. Aus einer Einheit wurde etwas herausgenommen, es wurde Dualität geschaffen.

Eine ganze Reihe Wissenschaftler belegen mit ihren Forschungsarbeiten die Existenz eines holografischen Universums. So lässt sich das holografische Weltbild-Modell z.B. auf das menschliche Gehirn übertragen. Dem Neurologen Karl Pribram gelang es z.B. nachzuweisen, dass Erinnerungen nicht im menschlichen Gehirn zu lokalisieren sind. Wenn tumorkranken Menschen durch einen operativen Eingriff Teile des Gehirns entfernt wurden, hätten sie nach allgemeinem Verständnis einen Teil ihrer Erinnerungen verloren, doch dem ist nicht so. Wenn man einmal verstanden hat, dass alles in unserem Universum holografisch strukturiert ist, dann ist dies nicht weiter verwunderlich. Erinnerungen werden in JEDER Zelle des Menschen abgespeichert, nicht nur im Gehirn. Das erklärt auch, wieso wir Menschen so viele Informationen speichern können, obgleich das menschliche Gehirn relativ „klein" ist. Professor Robert G. Jahn gelang am Princeton Engineering Anomalies Research Laboratory der Nachweis, dass

Menschen sowohl Ereignisse als auch Objekte über große Entfernungen wahrnehmen und Zufallsprozesse mental beeinflussen können. Seine Schlussfolgerung: alle Menschen teilen geistige Informationen auf quantenphysikalischer Ebene. Der Leiter der Entwicklung medizinischer Systeme für die russischen Raumfahrtprogramme Buran, Salut und Sojus, Professor Vladimir Zagriadski, konnte nachweisen, dass biologische Organismen in ständiger Kommunikation mit einem morphogenetischen kosmischen Hintergrundfeld stehen, welches sie versorgt. Die Liste wissenschaftlicher Experimente und Nachweise, die für die Gültigkeit der Hologramm-These sprechen, ließe sich beliebig lang fortsetzen.

Es gab auch eine ganze Menge Wissenschaftler „der alten Schule", die versucht haben, die These des holografischen Universums zu widerlegen, doch letzten Endes erhärteten ihre Untersuchungen die Existenz eines holografischen Universums nur.

„Alle Wahrheiten sind einsichtig, wenn sie erst einmal entdeckt sind; das Problem ist, sie erst einmal zu entdecken." (Galileo)

In der Mythologie verschiedener Völker finden sich immer wieder Hinweise auf das Urwissen. Das dem ganzen Universum eine Einheit zugrunde liegt, ist seit Jahrhunderten der Grundkonsens aller östlichen spirituellen Schulen. Die westliche Physik hätte sich viel Arbeit sparen können, wenn sie der östlichen Mystik wie z.B. den vedischen Schriften oder aber auch anderen außerwissenschaftlichen Wissensbereichen, wie den hermetischen Lehren, gefolgt wäre. Heutige Wissenschaft ist offenbar die versuchte Erforschung des ursprünglich Selbstverständlichen. Alte esoterische Quellen von allen Kontinenten sind der heutigen Wissenschaft unglaublich weit voraus und haben uns bereits vor Urzeiten immer und immer wieder gesagt, dass wir bzw. dass alles SEIN aus einem Urzustand, aus ein- und derselben Quelle stammt. Und wenn wir alle aus einer Quelle kommen, ist es da noch verwunderlich, dass wir alle zusammen interagieren?

„Ich bemühe mich, Gott zu sehen, indem ich der Menschheit diene, denn ich weiß, dass Gott weder oben im Himmel noch irgendwo hier unten ist. Gott wohnt in jedem von uns." (Gandhi)

"Du bist weder Erde, noch Wasser noch Feuer noch Luft noch Raum. Du bist der Beobachter dieser fünf Elemente als Bewusstsein. Dies zu verstehen ist Befreiung." (aus dem Sanskrit)

"Du bist nicht der Körper, noch ist der Körper Dein. Du bist weder der Handelnde noch der Erfahrende. Du bist das Bewusstsein selbst, der ewige, unpersönliche Beobachter." (aus dem Sanskrit)

Das Supergenie Stephen Hawking kann sich begründet vorstellen, dass aus einer höheren Dimension die Welt und die Menschen als vierdimensionale holografische Schatten erzeugt werden. Man könnte fast sagen, dass die Menschen nicht „wirklich", nicht „echt" sind, sondern eine Reflektion, ein Hologramm (oder auch Spiegelbild) eines höheren Selbst sind. Dazu eine Frage, auf die wir derzeit gewiss noch keine Antwort kennen: wenn in unserem Universum alles deshalb existiert, weil durch das Licht eines höheren Bewusstseins eine Realität auf einen dunklen Raum projiziert wird, wie sieht diese höhere Realität dann wohl aus? Die Wahrheit werden wohl nur jene Menschen ergründen können, die sich aus dem materiellen Denken befreien und hinter die Fassade unserer Scheinwelt blicken.

Zumindest erklärt die These des holografischen Universums, warum menschliche Gedanke, Gefühle und auch sonstige Schwingungen derart machtvoll sind.

DEIN LEBENSPLAN

Was wir noch beleuchten müssen, ist, dass wir Menschen nicht nur aus "Jux und Dollerei" auf diese dreidimensionale Welt inkarniert sind, sondern dass wir bestimmte Wünsche, die uns auf hoher spiritueller Ebene glücklich machen, erfüllen wollen. Im Gegensatz zu Ego-Wünschen sind unsere wahren Wünsche keine Eintagsfliegen, sind nicht fremdbestimmt und nicht vorübergehender Natur. Sie sind beständig. Unbewusste Menschen vergessen sie womöglich eine Zeitlang, doch früher oder später machen sie sich bemerkbar.

Ego-Wünsche gehen nur sehr selten in Erfüllung, weil sie nicht in Einklang sind mit unserem individuellen Lebensplan. Hey, immer langsam. Was für ein Lebensplan? Jede Seele hat sich vor ihrem „Erdenauftritt" etwas vorgenommen und ist dafür mit allem ausgestattet, um das Vorgenommene zu erreichen. Alle unsere Fähigkeiten sind vor der Inkarnation auf dieser Welt wohlüberlegt definiert worden. Das, was wir uns als Lebensweg ausgesucht haben, erkennen wir daran, dass es uns glücklich macht. Die innersten Wünsche eines Menschen sind immer der unverfälschte und reine Ausdruck der Seele. Das Ziel ist immer, mit unserer intuitiven Lebensabsicht zu fließen. Oft befassen wir uns aber aus den verschiedensten Gründen jahrelang mit Dingen und Menschen (Beruf, Beziehung, Freizeitaktivitäten) und verzehren uns regelrecht nach ihnen, obwohl sie uns unglücklich machen. Oft folgen die Menschen irgendwelchen Idealen und Zielen, die gar nicht ihre eigenen sind, die ihnen nicht gut tun, die sie leiden lassen, ohne dass sie es merken. Alles Leiden will uns aber letztendlich nur daran erinnern, dass wir vom Weg unserer Bestimmung abgekommen sind, denn wären wir das nicht, dann würden wir auch nicht leiden. Ein perfektes Gesetz des Ausgleichs. Je mehr Du Dich um Deine wahre Natur selbst betrügst, umso mehr schwingst Du disharmonisch, weil Du unglücklich bist. Und je unglücklicher Du bist, desto mehr unglückliche Lebensumstände erzeugst Du, die Dir klar machen wollen, dass Du mehr bist als bloß ein ängstliches Ego, welches sich so sehr an die materielle Welt klammert. Das Leben selbst wird uns also immer wieder daran erinnern, dass wir gerade auf dem falschen Dampfer sind, dass wir uns völlig falsche Prioritäten gesetzt haben.

Wie im ersten Kapitel schon erwähnt, gibt es einen Teil von uns, der auf einer nicht-physischen Ebene existiert und sich seiner Göttlichkeit absolut bewusst ist. Obwohl wir derzeit einen materiellen Körper haben, existiert eine geistige Entsprechung von uns in der geistigen Welt, die man gemeinhin als das höhere Selbst bezeichnet. Erst wenn wir die Verbindung zu diesem herstellen, ist die Manifestation unserer Wünsche möglich. Seine Lebensabsicht kann man nur fühlen, man kann sie nicht mit dem Verstand erfassen. Durch die Kommunikation mit unserer inneren Führung erfahren wir, was alles zu uns passt: welcher Partner, welcher Beruf, welche Farben, welche Kleidung, welche Haustiere, welcher Wohnort, welche Möbel, welche Nahrungsmittel und so weiter. Unser höheres Selbst weiß immer den richtigen Weg und achtet sehr sorgfältig darauf, ob wir uns Richtung Lebensglück bewegen oder uns davon entfernen. Man kann nicht beides zugleich machen, wir müssen uns schon für eine Seite entscheiden.

Stell Dir vor, Du willst an einen bestimmten Ort fahren, der Dich glücklich macht (Lebensweg). Um dorthin zu finden, hast Du ein perfekt arbeitendes Navigationssystem (Deine Intuition). Solange Du dem richtigen Weg folgst, fühlst Du Dich gut. Doch sobald Du Dich unterwegs von Belanglosigkeiten ablenken lässt, die auf den ersten Blick womöglich schön und anziehend auf Dich wirken, Dich letzten Endes aber nicht wirklich glücklich machen können, meldet sich Dein Navigationssystem und erinnert Dich daran, dass Du Deinem ursprünglichen Kurs treu bleiben solltest. Es weiß nämlich immer ganz genau, was für Dich wichtig ist und was nicht – selbst dann, wenn Du Dir selbst nicht mehr sicher bist. Es lässt sich im Gegensatz zu uns Menschen nicht beirren und nicht ablenken. Du fährst also zum ersten Etappenziel und fühlst Dich gut dabei. Verfährst Du Dich, hast Du plötzlich unangenehme Gefühle in Dir, welche Dir Dein höheres Selbst sendet. Die schlechten Gefühle sollen uns darauf aufmerksam machen, dass wir unser Verhalten ändern sollen. Denn wenn man zu lange in die falsche Richtung fährt, kann es passieren, dass man sein tatsächliches Ziel für immer aus den Augen verliert. Wichtig ist es immer auf seinen inneren Gefühlszustand zu achten, was gar nicht schwer ist, da man in jedem Augenblick seines Lebens ein Gefühl verspürt. Man kann nicht NICHTS fühlen.

Um unseren Lebensweg herauszubekommen, sollten wir uns selbst genau betrachten. Meist ist es so, dass wir mit allem, was wir für unseren individuellen Lebensweg benötigen, ausgestattet sind. Damit meine ich bestimmte Fähigkeiten, Talente, Vorlieben. Was bereitet Dir eine solche Freude, dass Du es für den Rest Deines Lebens tun könntest? Singst Du gut, bist Du handwerklich begabt oder liegt Dein Talent im sportlichen Bereich? Kannst Du gut mit Zahlen umgehen, würdest Du gerne in der freien Natur arbeiten oder steckt in Dir womöglich ein begnadeter Erfinder? Horche in Dich hinein und finde heraus, was IN DIR steckt. Die Kombination von Gefühlen, Gedanken und Talenten in Dir ist absolut einzigartig, es gibt sie kein zweites Mal. Du hast diese Eigenschaften nicht grundlos. Beethoven war ein guter Musiker und hatte auch das Talent dazu. Er hörte auf seine Intuition, folgte ihr und wurde ein Genie in seiner Arbeit. Jeder Mensch ist ein Genie in dem, was er liebt, was er gerne tut. Denn dann macht er was aus dem Herzen und nicht nur deshalb, um sich finanziell über Wasser halten zu können. Es wäre doch schade, wenn Beethoven sich als Hufschmied betätigt hätte, statt seiner musikalischen Leidenschaft nachzugehen!? Kein Talent ist uns „nur so" mitgegeben worden, im Gegenteil, unsere Talente wollen genutzt werden. Wenn Du Dein Leben einer Beschäftigung widmest, die nicht Dein Lebenssinn ist, dann spielst Du eine fremde Rolle, dann bist Du nicht DU SELBST. Erst wenn Du Deinem Lebenssinn entsprechend lebst, lebst Du die Wahrheit. Lebe DEINE WIRKLICHKEIT, denn nur so kann Selbst-VERWIRKLICHUNG erfolgen. Lausche dazu einfach Deiner inneren Stimme, die Dir mit Rat und Tat zur Seite steht. Vertraue darauf, dass Deine Intuition Dir immer hilft. Oft überhören wir aber unsere Intuition und folgen stattdessen unserem Ego. Da hat unser Nachbar plötzlich einen neuen Wagen vor der Einfahrt stehen und das Ego ruft: „Muss ich auch haben." Dabei spielt dieser „Wunsch" überhaupt keine bedeutende Rolle auf unserem Lebensweg, sondern ist eine belanglose Ablenkung des Egos. Unsere Intuition ist nicht dafür zuständig, unsere kurzfristigen, egomanischen Wünsche zu erfüllen, sondern plant langfristig. Das Ego reißt uns aus unserem Lebensplan heraus und lässt uns Dinge machen, die wir nicht wirklich wollen. Daraus folgt, dass wir falschen Zielen und falschen Wünschen folgen, was dazu führt, dass wir nicht das manifestieren, was zu unserer Lebensabsicht passt und wir unser Lebensglück verpassen. So gibt es bestimmt Millionen von Menschen, die sich mit ihrem Beruf nicht identifizieren können, der sie unglücklich und depressiv macht und durch den sie emotional immer mehr abstumpfen.

Seinen Ego-Wünschen folgen bedeutet ein Leben führen, welches uns nicht wirklich entspricht, welches nicht unser wahres Leben ist. Je mehr wir uns im Ego verlieren, desto mehr identifizieren wir uns mit den Wünschen des Egos, die unseren wahren Wünschen diametral entgegenstehen. Dadurch spüren wir unsere Lebensabsicht nicht mehr, die wir uns für die materielle Dimension vorgenommen haben. Somit ist ein unglückliches Leben vorprogrammiert.

Das Leben selbst wird uns immer wieder auffordern, wieder unserer Lebensabsicht zu folgen, indem es die Notbremse zieht und uns mit einer finanziellen Pleite, dem Ende einer Beziehung, einer Krankheit, einem Unfall oder einem anderen unangenehmen Lebensumstand darauf hinweist, dass es Zeit ist, sein Leben zu verändern. Es muss nicht unbedingt ein negativer Lebensumstand sein, der uns zeigt, dass wir uns auf einer Einbahnstrasse Richtung Unglück befinden. So kann es passieren, dass man einem Menschen begegnet, der uns derart inspiriert, dass wir unsere Sichtweise ändern und die Unglücksstraße verlassen. Angenehmer ist es natürlich, gar nicht darauf zu warten, dass uns das Leben dazu drängt, unserem Lebensplan zu folgen, sondern dass wir durch eine bewusste Lebensweise unsere innere Stimme hören und uns dadurch selbst verwirklichen.

Unsere Lebensabsicht beschränkt sich nicht nur auf Dinge wie den richtigen Beruf oder die Gründung einer eigenen Familie. Es kann z.B. sein, dass man sich vorgenommen hat, das eigene Durchsetzungsvermögen zu erweitern und sich aus diesem Grund ein Elternhaus ausgesucht hat, das sehr streng ist und das Leben seines Kindes bis ins allerletzte Detail durchgeplant hat. Auf diese Weise entwickelt man seinen eigenen Willen, um sich besser durchzusetzen. Es ist wie beim Tischtennis, wenn wir uns einen starken Gegenspieler aussuchen, um wirklich gefordert zu werden und daran zu wachsen. Ein „schwacher Gegner" hilft uns nicht viel.

Unsere Intuition weiß oft besser als wir, was uns gut tut und was nicht. So kann es oft passieren, dass ein Wunsch nicht wahr wird, weil er uns schadet, anstatt uns zu helfen. Wir sollten auch immer genau überlegen, was wir uns wünschen. Viele Prominente haben sich vor ihrem beruflichen Durchbruch nichts sehnlicher gewünscht, als berühmt zu sein. Und als sie es dann wurden, machte es sie anfangs glücklich. Es schmeichelte ihrem Ego, wenn sie auf offener Straße erkannt wurden und Autogramme verteilten. Doch eines Tages wurde aus dem erfüllten Wunsch ein Fluch. Sie konnten plötzlich nicht einmal mehr einkaufen gehen, ohne von Fans umlagert zu werden. Die Privatsphäre war praktisch nicht mehr existent und sie wünschten sich ihr altes Leben wieder zurück.

Ausschlaggebend ist immer die Frage, woher der Wunsch kommt. Kommt er aus dem Gefühl der Leere, des Mangels, oder aus dem Gefühl unbändiger Freude? Solange man nicht auf seine Intuition hört, sucht man sich oft etwas im Leben aus, was einem nicht gut tut. Mit der Zeit werden wir für das Gesetz der Anziehung immer sensitiver und sehen unsere Lebenserfahrungen in einem übergeordneten Zusammenhang. Dein höheres Selbst liebt Dich über alles und wird Dir über die Intuition alles vermitteln, was Dich zu einem glücklichen und zufriedenen Menschen macht, auch wenn man das aus der eigenen Perspektive gerade nicht sehen kann. Es kann z.B. sein, dass Du Dich plötzlich freiwillig um Deine kranke Mutter kümmerst, um an dieser Aufgabe zu wachsen. Das höhere Selbst verlangt nichts von Dir, es freut sich einfach nur, wenn Du glücklich bist. Es will nichts von Dir, außer Dich in absoluter Glückseligkeit und Zufriedenheit sehen. Es ist gut, sich vom Verstand, der vollständig vom Ego beherrscht wird, öfters zu lösen. Die Intuition muss sich im Gegensatz zum Verstand nicht darauf beschränken, aus bisher gemachten Erfahrungen eine Entscheidung zu formen, sondern hat viel umfangreichere Möglichkeiten zur Verfügung, die sich verstandesmäßig gar nicht erklären lassen. Man ist mit seinen Problemen niemals allein, denn unsere innere Stimme ist ein zuverlässiger Ratgeber. Sie lässt Dich nie im Stich und sie ist 24 Stunden täglich im Einsatz. Sie verhindert, dass Du Dein Geld falsch investierst, dass Du an den falschen Job gerätst, eine Beziehung mit dem falschen Partner beginnst und vieles mehr. Voraussetzung ist natürlich, dass man auf seine Intuition hört. Wer großem Lärm in der Außenwelt ausgesetzt ist, wird die leisere Stimme in sich jedoch kaum hören.

Wem hörst Du vorwiegend zu? Irgendwelchen Einflüssen in der Außenwelt (Werbung, Zeitgeist, Traditionen, Erziehung der Eltern) oder DIR selbst? Es gibt nur einen Menschen, der das, was Du Dir in diesem Leben vorgenommen hast, auch tatsächlich tun kann, und das bist DU selbst. Also TU ES. Gehe Deinen Weg, tu das, was DU willst, nicht das, was andere Menschen Dir einzureden versuchen. Indem Du das, was Du Dir vorgenommen hast, auch wirklich machst, bereicherst Du unser aller Leben, machst die Welt, ja sogar das gesamte Universum glücklicher. Lasse Dich nicht von außen beeinflussen und Dich von Deinem Weg abbringen. Wie zum Kuckuck soll jemand Dir sagen können, dass etwas für Dich nicht das Richtige ist? Solange Du ständig auf andere hörst, statt der eigenen Intuition zu folgen, gehst Du am wahren Leben vorbei.

„Wirklich zu leben ist das Kostbarste auf der Welt. Die meisten Menschen existieren bloß, sonst nichts." (Oscar Wilde)

Der Weg zu einem bewussten Leben kann nur durch die Tür der Intuition erfolgen, jener Wahrnehmung, die außerhalb der geprägten Wahrnehmung über unseren körperlichen Sinnen liegt. Ich vertraue niemandem blind, sondern folge meinem geistigen Freund, meiner eigenen, inneren Stimme. Das setzt natürlich voraus, dass ich eine intime Beziehung zu ihr pflege und sie nicht als etwas von mir Getrenntes betrachte. Solange Du Liebe als Basis für Deine Aktionen hast, werden alle Deine Wünsche in Erfüllung gehen, weil Dein höheres Selbst Dich voll und ganz unterstützt. Ich selbst stand oft vor schweren Entscheidungen und wusste nicht weiter. Ich habe bestimmte Angelegenheiten von allen möglichen Seiten aus beleuchtet und analysiert, kam aber dennoch nicht zu einer Lösung. Daraufhin sage ich mir für gewöhnlich: „Nun, was soll's. Was meinem Verstand nicht einfällt, fällt vermutlich meiner Intuition ein. Lassen wir mal lieber den Profi ran – der Verstand kann wieder auf die Ersatzbank. Also erstmal eine Runde schlafen. Wie heißt es doch so schön? ‚Den Seinen gibt es der Herr im Schlaf.' Je mehr jemand kann – in diesem Falle meine Intuition – desto mehr Verantwortung wird ihm übertragen." Meine Intuition funkte mich in solchen Fällen ständig an, ob durch Träume, durch ein Déjà Vu, durch Einfälle, durch Kommentare meiner Mitmenschen oder durch etwas, was ich gelesen oder im Fernsehen gesehen habe, und irgendwann waren all diese „zufälligen Hinweise" einfach zu groß und zu zahlreich, als dass ich sie hätte links liegen lassen können. Irgendwann stand ich nicht mehr auf der Leitung, so dass ich die bestmögliche Entscheidung treffen konnte.

Ich prüfe immer wieder mittels meiner Intuition, ob ich immer noch auf Kurs Richtung GLÜCK bin. Bin ich es nicht, dann ändere ich den Kurs persönlich, weil das angenehmer ist, als wenn es die nächste Lebenskrise für mich macht.

Frage Dich selbst: WARUM bin ich eigentlich hier? Und warum jetzt? Den Lebenssinn finden wir erst dann, wenn wir unsere Aufmerksamkeit auf unser Herz (nicht organisch gemeint), auf unser Inneres richten. Unser Herz teilt uns mit, was wir wirklich wollen, Deine wahren Wünsche decken sich immer mit Deinem Herzen, denn Dein Ego kann in Deinem Herzen keinen Platz einnehmen.

„Mögest Du bei jedem Erwachen eine Stimme hören, die zu Dir spricht: Heute wird Dir Gutes widerfahren." (Zitat aus Irland)

Jeder Mensch hat seinen eigenen Weg, deshalb kann Dir niemand sagen, wohin DEIN Weg Dich führt. Man kann das Leben wie eine Reise in einem Bus betrachten. Man steigt ein in die Welt bzw. wird geboren und hat einen bestimmten Platz in ihr. Es gibt verschiedene Stationen, bei denen neue Menschen einsteigen bzw. in unser Leben treten, und es gibt Menschen, die uns eine lange Zeit eine angenehme Begleitung waren und dann plötzlich aussteigen oder ihren Platz wechseln. Dann gibt es noch die, die uns mehr oder weniger unwichtig erscheinen. Auch wir werden eines Tages aussteigen, aber wir wissen nicht, wann das sein wird. Für manche wird es eine lange Reise, andere wiederum haben nur eine kurze Reise vor sich. Manchmal würden wir gerne neben jemandem sitzen, aber es geht nicht, weil dieser Platz schon besetzt ist. Mal kann die Reise langsam und entspannt sein, mal schnell und turbulent. Die Fahrt kann auch mal stoppen und es tut sich lange Zeit gar nichts, bis es dann doch endlich weitergeht. Obwohl der Bus einen festen Fahrplan hat, kann sich die Fahrt aus allerlei Gründen verändern, es kann z.B. durch eine Umleitung ein anderer Weg genommen werden. Da wir sowieso eines Tages aussteigen und alles hinter uns lassen, ist das Wichtigste eine schöne Reise gehabt zu haben, sie glücklich und freudig zu genießen und mit allen Mitreisenden harmonisch auszukommen. Und diese innere Erfüllung erreichen wir im Leben nur, wenn wir unserem Lebensweg folgen.

WAS IST DAS EGO?

„Der Mensch bringt die Wüste zum Blühen. Die einzige Wüste, die ihm noch Widerstand leistet, befindet sich in seinem Kopf." (Eprahim Kishon)

Ich habe bereits an mehreren Stellen erwähnt, dass das EGO unser Lebensglück nicht zulässt und für alle erdenklichen Krisen der Menschheit verantwortlich ist. Genau dieses Ego blockiert den Wunsch nach einem glückliches Dasein, obgleich wir uns exakt an alle Anweisungen unzähliger Wunschratgeber halten, von der positiven Formulierung, über die Vorstellung, das Gewünschte sei bereits wahr, bis zum gedanklichen Loslassen des Wunsches. All das hilft nichts, solange unser Ego in unserem Leben eine entscheidende Rolle spielt. Erst wenn wir das Ego aufgelöst haben, ist unsere Schwingung in der Lage, unsere Wünsche zu manifestieren. Doch ist vielen Menschen schleierhaft, um was es sich bei dem Ego genau handelt und woher es genau stammt, geschweige denn, wie man es auflöst. Deshalb sollten wir zunächst einmal definieren, was das Ego im hier angesprochenen Sinn eigentlich ist und wie es entsteht.

Das Ego ist im Grunde imaginär, es ist ein Phantasiegebilde unseres Geistes, eine falsche Vorstellung von sich selbst, aus der es sich zu lösen gilt. Wir haben ein falsches Bild von uns gemacht und uns völlig mit diesem Bild identifiziert. WIR selbst haben dieses falsche Selbstbildnis erfunden. Das Ego spiegelt eine Art "falsche Identität" wider und es sind mehr oder weniger alle Menschen auf der Welt davon betroffen. Wer sich als getrennt von ALLEM-WAS-IST sieht, gibt seine wahre Identität auf und verfällt dem Ego, welches nichts anderes ist, als der Verlust des Bewusstseins, dass wir alle eine große Einheit darstellen. Das Ego ist wie eine eingebildete Krankheit (eingebildet deshalb, weil wir als göttliches / universelles Bewusstsein nicht krank sein können). Wenn ein Hypochonder sich jedoch einredet, er sei krank, dann hilft die beste Medizin von außen nichts. Erst wenn man die richtige innere Geisteshaltung erlangt, erst wenn man wieder normal im Inneren wird, wenn man zu seinem Ursprung zurückkehrt, erst dann verschwindet die Krankheit. Man kann auch sagen, dass das Ego tatsächlich nicht mehr als ein Vergessen unseres wahren SELBST ist. Das Ego hat keine Macht, wenn wir sie ihm nicht geben. Es hat keinerlei Existenz aus sich selbst heraus. Wie sagte der Psychiater R. D. Laing: „Erst vergessen wir etwas (nämlich, dass wir ein unendliches Bewusstsein sind= vom Autor). Dann vergessen wir, dass wir etwas vergessen haben (und halten das Ego irgendwann für unsere wahre Identität= vom Autor)."

In vielen Mythologien wird das Ego als Drache dargestellt, den es zu bekämpfen gilt. Es wird damit ausgedrückt, dass das Göttliche schließlich über das "Animalische" in uns obsiegt, dass wir den Lebensplan unserer Seele endlich erkennen und unser wahres SELBST leben, dass wir unsere Schöpferkraft sehen und sie annehmen, und dass wir erkennen können, dass ALLES EINS IST und wir Teil der Quelle sind. Hinduistische Lehren nennen das Ego auch MAYA (Illusion, Täuschung), da es dafür sorgt, dass man eine völlig verdrehte und unnatürliche Sicht auf die Welt und sich selbst hat. Und wir alle haben mehr oder weniger eine verzerrte Sicht auf unsere Welt und auf uns, unsere Sicht wird getäuscht. Das Ego selbst ist eine Täuschung, eine Maske, ein Schleier, hinter dem unser wahres Wesen versteckt ist, doch da der unbewusste Mensch an diese Illusion glaubt bzw. sich für seine illusorische Rolle hält, lebt er nach den Richtlinien des EGOs, die alle möglichen Angstgefühle beinhalten. Dadurch vergisst er, dass er ein göttliches Bewusstsein ist und sich vor nichts zu fürchten braucht. Das bringt uns zur Frage:

Wie kam es dazu, dass wir Menschen das Ego geschaffen haben?
Dazu muss ich etwas weiter ausholen. Die Seele wünscht sich eine Erfahrung in der dritten Dimension. Um sich in der materiellen Welt überhaupt zurechtfinden zu können, ist die Seele (also DU) mit einem menschlichen Körper ausgestattet. Dieser hat fünf verschiedene Sinne: sehen, hören, riechen, schmecken und tasten. Der Geist, der ebenfalls materiell ist, ermöglicht der Seele das Steuern der verschiedenen sinnlichen Wahrnehmung. Der Geist ist wohlgemerkt nicht die Seele, denn die Seele ist nicht materiell, sie ist Teil des universalen Bewusstseins. Bevor die Seele in die materielle Welt kam, wusste sie um das Gefühl unendlicher Glückseligkeit. In der materiellen Welt ist dieses Glück jedoch durch die Trennung vom universalen Bewusstsein (Gott) nicht länger vorhanden und dies beschert der Seele das Verlangen (das Ego), dieses unbeschreiblich schöne Glücksgefühl wieder zu finden. Zugleich hat jede Seele Schuldgefühle, weil sie sich von der universalen Einheit getrennt hat, was die Schaffung des Egos erheblich fördert.

Wie soll die Seele in einer materiellen Welt, in der sie lediglich mit den beschriebenen Sinnen ausgestattet ist, glücklich werden? Bedauerlicherer Weise stürzen sich die meisten Seelen in eine Sinneserfahrung nach der anderen, in der Hoffnung dadurch glücklich zu werden, und erzeugen dadurch den Drang nach immer mehr Befriedigung durch die Sinne. Trotzdem entsteht kein anhaltendes, dauerhaftes Glücksgefühl, so dass man noch gieriger wird nach noch mehr Sinnesbefriedigungen. Wir alle wissen, was entsteht, wenn man ständig das Verlangen nach etwas hat, was einen nicht gänzlich befriedigt: ABHÄNGIGKEIT und SUCHT. Das EGO ist ein Suchtmittel! Und keine Sucht, ob Fernsehsucht, Erlebnissucht, Geltungssucht, Magersucht, Esssucht, Drogensucht, Sexsucht, Alkoholsucht, Nikotinsucht oder Kaufsucht, bringt innere Erfüllung, sondern ausschließlich innere Leere bzw. sie „füllt" uns mit Leere. Was kennzeichnet eine Sucht? Dass sie unersättlich ist, sie ist wie ein Fass ohne Boden, welches eine ewige Glückseligkeit verhindert. Und sie kontrolliert das Verhalten der Menschen. Und wenn das erst einmal der Fall ist, dann ist es vorbei mit dem freien Willen der Menschen, da sie nicht mehr freiwillig und willentlich eine Entscheidung treffen, sondern der unfreie Spielball ihrer vom Ego produzierten Sucht werden. Ohne das Ego gäbe es dieses Problem erst gar nicht.

Der Bewusstseinsforscher Ken Wilber hat ein Bewusstseinsmodell entworfen, welches eine mehrdimensionale Darstellung menschlicher Identitäten darstellt. Die höchste Identität ist das kosmische, universelle, göttliche Bewusstsein (das höhere Selbst), die niedrigste Identität ist das eingeschränkte Identitätsgefühl des ichhaften Bewusstseins (Ego).

„Das Ego in Gestalt der Ich-Vorstellung ist die Wurzel des Baumes aller Wahnvorstellungen: wird sie vernichtet, ist aller Wahn gefällt." (Ramana Maharshi)

Dazwischen gibt es noch eine ganze Reihe von Stufen. Die meisten Menschen befinden sich derzeit auf der untersten Stufe des egohaften Phantom-Ichs und verzweifeln daran, weil sie dadurch ständig unzufrieden, unglücklich und disharmonisch „drauf sind", was sich negativ auf unsere Schwingung auswirkt. Jeder von uns hat tatsächlich zwei Ichs. Eines davon ist das kleine Ich, das Ego, welches ständig im Mittelpunkt stehen will, wobei es kein „echtes Ich" ist, sondern nur ein eingebildetes Ich. Das andere ist unser wahres Ich, das universelle und vollständige Ich, an das sich die meisten Menschen nicht er-INNERN (also nicht ins Innere gehen, sich selbst nicht erkennen). Wir bringen das Ego also nicht mit, wenn wir auf diese Welt kommen, sondern erschaffen es selbst. In dem Moment, in dem wir uns mit unserem Körper identifizieren und ein trennendes Selbstgefühl entwickeln, welches uns sagt, dass wir als ein Individuum getrennt sind von allem anderen, verdrängen wir die Tatsache, dass wir Teil eines großen Ganzen sind. Wir verfallen der Illusion, dass es eine Trennung gibt zwischen uns und der Natur, der Welt, dem Universum (tatsächlich ist die einzige Illusion das Ego selbst). Wir halten dann das „Ego-ICH" für unser wahres Wesen, ohne das gigantische und unendlich mächtige, universelle Ich wahrzunehmen. Durch diese Zentrierung auf das Ego-ICH begrenzen wir uns jedoch selbst und isolieren uns von den unendlichen Entfaltungsmöglichkeiten, die wir haben.

Kleinkinder sind vom Virus Ego noch nicht stark behaftet und sprechen von sich selbst in der dritten Person (Marco will essen), weil sie sich mit dem Ichgefühl des Egos noch nicht gleich setzen. Auch Indianer und andere Naturvölker haben keine großen Egos, auch sie sprechen von sich in der dritten Person und wurden deshalb vom unbewussten Zivilisationsmenschen (europäische Einwanderer in den USA z.B.) als dumm eingestuft – dabei wird genau andersherum ein Schuh draus. Kleinkinder und Naturvölker sind noch ganz sie selbst und sie denken nicht zu viel nach. Dazu musst Du wissen, dass Deine Gedanken vorwiegend von Deinem Ego stammen, denn nur ein unwissendes und unbewusstes Ego muss über alles nachdenken, grübeln und abwägen. Das universale, göttliche Ich muss nicht denken, es WEISS. Kinder leben ihr Leben ohne zu viele Gedanken, sie handeln aus sich heraus. Mit der Zeit wächst das Ego in ihnen heran und stellt immer mehr Bedingungen: ich brauche dies, das und jenes, um mich glücklich zu fühlen. Erhalte ich diese Dinge nicht, dann kann ich nicht glücklich sein. Und so werden aus fröhlichen Kleinkindern sorgenvolle Erwachsene, die immer weniger lachen und durch Mangelgefühle belastet sind. Je mehr Mangelgefühle, desto schwächer unsere Wunschschwingung. Der erwachsene Mensch identifiziert sich mit seinen Gedanken und Gefühlen, die er für sich selbst hält, ohne zu merken, dass es lediglich die Gedanken und Gefühle des Egos sind. Er vergisst immer mehr sein wahres Wesen, welches göttlich und voller Liebe ist. Er handelt nicht mehr aus seinem Selbst heraus, sondern wird wie eine hilflose Marionette vom Ego gesteuert.

Das Ego ist ein hundertprozentiges Programm zum absoluten Unglücklichsein. Für das Ego ist das Leben nämlich ein nie endender Kampf, ein Kampf um das nackte Überleben, ein Kampf um Macht und Einfluss, ein Kampf um Ansehen, ein Kampf zwischen den Nationen, zwischen den Armen und Reichen, zwischen den Religionen, zwischen den Geschlechtern, zwischen den Alten und den Jungen, jeder gegen jeden. Und jede einzelne Niederlage kommt für das Ego einem Weltuntergang gleich.

Durch eine auf das Ego ausgerichtete Lebensweise verblassen die wahren Prioritäten im Leben, nämlich der Wunsch nach Liebe, Einheit und Bewusstseinsentfaltung. Das Ego ist ein unverschämter Dieb. Es beraubt uns unserer Erfahrung des Einsseins und wahrer Erfüllung.

WONACH STREBT DAS EGO?

"Der Mensch, den man am meisten verletzt, wenn man im Ego ist, ist man immer selbst". (Unbekannt)

Ego bedeutet auf lateinisch „Ich", es macht das Ich-Gefühl eines jeden Menschen aus. Es trennt die Menschen also voneinander, es spaltet sie, da jeder ein anderes ICH hat, obgleich Menschen und alles andere was existiert eine Einheit darstellen, ein „WIR" sind. Je mehr ICHs es gibt, desto mehr Gründe für Streitigkeiten und Konflikte gibt es. Dazu bedient sich das Ego diverser Hilfsmittel.

Die menschliche Sprache z.B. wird vom Ego missbraucht. Sprache basiert vornehmlich auf Differenzierung, auf Trennung. Ein Auto ist ein Auto und kein Flugzeug. Die menschliche Sprache trennt mehr, als dass sie verbindet (Kapitalismus-Kommunismus, reich-arm, jung-alt, Mann-Frau, Osten-Westen / im politischen Sinne), unterschiedliche Sprachen trennen ganze Nationen voneinander. Auf diese Weise schafft das Ego eine Gesellschaft, in der Trennung selbstverständlich und im Alltag ganz normal ist.

Das Ego ist somit eine Art anti-evolutionäres Bedürfnis, nämlich das Bedürfnis sich von allem und jedem zu trennen und überlegen zu fühlen. Dieses Bedürfnis resultiert aus der grenzenlosen Angst des Egos. Durch diese Angst fühlt sich das Ego stets als schwaches Opfer, geht allem aus dem Weg, was nicht seinem Selbstbild entspricht, kritisiert, verurteilt, redet ununterbrochen, hört aber nicht zu und kränkt gerne andere Menschen, obgleich es genau das tut, was es bei anderen kritisiert. Im Ego zu sein heißt somit auch, sich in die Opferrolle zu flüchten, obwohl man zum Täter wird! Das Ego lebt ausschließlich für sich. Es hasst alles und jeden, der etwas besser kann als es selbst. Es entwickelt in solchen Fällen Wut und starke Neidgefühle. In einem Augenblick gibt uns das Ego das Gefühl, wir seien absolut wertlos, im nächsten Moment will es uns einreden, wir seien alles.

Es überhäuft uns mit egomanischen Wünschen, die mit unserem wahren Wesen nichts zu tun haben. Es stellt diese überflüssigen

Wünsche über unsere Gesundheit, über unsere primären Grundbedürfnisse. So verleitet es z.B. junge Mädchen dazu, auf lebenswichtige Mahlzeiten zu verzichten, damit der Wunsch des Egos nach einer tollen Figur wahr wird. Solche Mädchen verzichten dann also auf etwas Wichtiges und geben dem Unwichtigen den Vorzug. Das Ego ruiniert auf diese Weise die Gesundheit und die Lebensqualität von Menschen. Und warum? Damit es von außen bestätigt bekommt, wie toll es doch ist.

Doch ist das wirklich wichtig? Was würde passieren, wenn man nicht die tolle Figur hätte? Ist man dann weniger wert? Geht dann das Leben zu Ende? Eines Tages wird der Körper sich aufgrund eines hohen Alters sowieso stark verändern – und was dann? Sich von Ego-Wünschen befreien macht uns erst wirklich fit fürs Leben, empfänglich und offen für Lebensfreude.

Das Ego errichtet ständig hohe Mauern um uns herum, um uns die Erinnerung an das universelle Ich zu nehmen. Das Ego IST die Mauer, die Dich von Deinem wahren Wesen trennt, das Ego selbst ist die Trennung. Durch diese Trennung entsteht immer mehr Angst, so dass man das Ego auch als pure, nackte ANGST bezeichnen kann, welches sich durch unser Leiden ernährt. Wie wir wissen, zieht Angst nur noch mehr Angst an. Und in einem Zustand der Angst gehen keine Wünsche in Erfüllung. Das Ego ist das absolute Gegenteil unseres wahren Selbst und lässt uns wie unbewusste Softwareprogramme durch unser Leben gehen. Es geht dem Ego darum, eine bewusste Lebensweise zu verhindern und somit den freien Willen zu versklaven. Jegliches Streben des Egos richtet sich darauf, sich als etwas Erhabenes hervorzutun. Es ist süchtig nach ständiger Zustimmung, es benötigt unentwegt Aufmerksamkeit, es giert nach Anerkennung und ist somit umso empfänglicher für Angst in Form von Enttäuschungen. Das Ego liebt es, sich über andere Menschen aufzuregen und über sie zu lästern. Immer sind die anderen die „Bösen" und „Schlechten". Jedes Beschweren über andere bedeutet, dass man selbst im Recht ist, während die anderen unrecht haben. Das Ego lebt ausschließlich nach dem Prinzip, dass es immer recht haben will und bewegt sich ausschließlich in Denkkategorien von Angriff und Verteidigung. Durch immer neue Konflikte und Disharmonien hält es sich aufrecht. Wenn es Unrecht begehen muss, um zum Recht zu kommen, so wird das Ego es ohne ein Wimperzucken machen. Es wird sich Pseudoargumente zurecht legen, die Wahrheit verdrehen und sich selbst belügen, aber Hauptsache, es ist anderen überlegen und im Recht. Um Recht zu haben, schreckt das Ego auch vor Gewalt nicht zurück. Rechthaberei bewirkt jedoch nur, dass man weiter leidet, dass man ein Gefangener des Egos bleibt, welches dadurch immer weiter wächst. Die Sucht nach „Recht haben" ist ein fester Bestandteil des Egos. Es verschafft dem Ego ein dringend benötigtes Gefühl der Überlegenheit, welches ihm aber auch nur kurzweilig Genugtuung und Befriedigung verschafft. Das Ego kann gar nicht anders, als sich immer im Recht sehen, und die anderen im Unrecht. Das ist die Natur des Egos, denn sonst wäre es kein Ego. Man wird jedoch nicht groß, indem man ständig versucht die Menschen um sich herum klein zu machen. SO aber funktioniert das Ego.

Das Ego giert danach, immer im Rampenlicht zu stehen. Es ist der Richter in Dir, der alles bewertet und verurteilt. Es fühlt sich ungeliebt, abgelehnt, ist absolut streitsüchtig und fängt deshalb nach der Devise „Angriff ist die beste Verteidigung" vor lauter Angst immerzu Streitereien an. Es nimmt alles persönlich: wenn Du z.B. behauptest, dass Deutschland von der Fläche her ein größeres Land als Dänemark ist, dann hat dies auf den ersten Blick kaum etwas mit dem Ego zu tun. Es ist schlicht und ergreifend wahr. Deutschland ist von der Fläche her tatsächlich größer als Dänemark. Den Ländern ist es ganz egal, wer größer und wer kleiner ist. Aber wenn Du Dich darüber aufregst, dass man Dir keinen Glauben schenkt, dann fühlt sich das Ego in Dir persönlich angegriffen und wie immer ungerecht behandelt. Denn das Ego identifiziert sich mit der gemachten Aussage und will Recht HABEN. Deinem wahren Ich ist es egal, denn es ist sich seines Selbst bewusst und ist mit seinem SEIN glücklich und zufrieden. Wozu sich unnötig aufregen? Das Ego kämpft nicht für den Wahrheitsgehalt der gemachten Aussage, sondern für die eigene Identität, für das „Recht haben wollen", es will nicht glücklich sein, es will sich überlegen fühlen und fühlt sich schnell gekränkt, wenn man ihm keine Bestätigung gibt. Die Identifizierung mit dem Ego ist immer verbunden mit einem Leben voller Konflikte.

Das Ego ist hungrig nach Macht und nach Kontrolle, da es um äußere Anerkennung buhlt. Je mehr Macht und Kontrolle, desto mehr Anerkennung, lautet die Devise des Egos. Macht und Kontrolle verschaffen dem Ego zugleich die Illusion einer gewissen Sicherheit. Der Motor dieses Verlangens ist wieder die Angst. Denn das Ego ist ein großer Feigling, das sich nur dann sicher fühlt, wenn es allen anderen überlegen ist, Macht über sie hat und sie kontrolliert, oder von allen anderen angehimmelt wird. Doch selbst das gibt dem Ego keine hundertprozentige Sicherheit, da es durch die Trennung vom universalen, göttlichen Bewusstsein kein komplettes Bild von sich hat. Unser wahres, göttliches Selbst benötigt all diese Dinge nicht, denn es speist sich aus sich selbst heraus, mit unendlicher Liebe, es ist unsterblich, unendlich und unzerstörbar. Solange man ein Ego hat, hat man ein Leben der Angst und des eingeschränkten Wissens. In der universalen Quelle, aus der wir stammen, ist alles möglich, alles vorhanden und alles verfügbar. Wenn wir Zugriff auf diese Quelle haben, ist uns nichts unmöglich. Das Ego hingegen sieht immer nur das Einzelne, niemals das Ganze. Man kann das Ego auch als das sprichwörtliche „Brett vorm Kopf" bezeichnen.

Das Ego ist Dein größtes Hindernis zu einem schönen Leben in Freiheit und ohne Krisen, denn es will nicht, dass Du glücklich wirst. Warum will es das eigentlich nicht? Ganz einfach. Nur wenn Du unglücklich bist, bleibt das Ego am Leben. Die Rückkehr zum universalen Bewusstsein wäre der Tod des Egos. Für das Ego also eine Existenzfrage, deshalb kämpft es umso mehr gegen Dich, je näher Du dem universalen Bewusstsein kommst, je glücklicher Du also wirst. Es wird alles tun, um seiner Vernichtung zu entgehen, die durch Dein Glück verursacht wird. Du wirst nur dann glücklich sein, wenn Du Dein Ego auflöst. Es auflösen klappt aber nicht, indem man es gedanklich verdrängt und aus dem Bewusstsein verbannt. In diesem Fall ist man keinen Schritt weiter gekommen, weil das Ego lediglich vom Bewusstsein ins Unterbewusstsein wechselt und somit immer noch präsent ist. Es gibt nur eine einzige Möglichkeit, das Ego „verschwinden zu lassen". Sich selbst, seinen Mitmenschen und allem, was existiert, mit Liebe begegnen. Die Liebe löst das Ego auf. Da, wo Liebe ist, kann es kein Ego mehr geben.

„Die Ursache Ihres Leids liegt nicht im Leben draußen, sondern in Ihnen als Ihr Ego. Sie legen sich selbst Begrenzungen auf und machen dann vergebliche Anstrengungen, sie zu überwinden." (Ramana Maharshi)

DAS EGO WILL HABEN STATT SEIN

Das Ego ist, wie erwähnt, durch die Trennung vom universalen Bewusstsein erst entstanden. Es hat sich vom Gefühl des Seins getrennt und braucht dafür einen Ersatz, denn ohne dieses Gefühl hat es Angst. Um diese Angst zu kompensieren, redet das Ego sich z.B. ein, dass es Sicherheit durch materiellen Besitz, durch das HABEN erreicht. Doch dies ist nur eine Illusion, denn die Angst löst sich nicht auf, sondern bleibt erhalten. Sie kann sich sogar noch steigern, weil man nun plötzlich neue Angst davor bekommt, das in Besitz Befindliche wieder zu verlieren. Anstatt sich wieder an das SEIN zu erinnern, überlassen viele Menschen dem Ego die Regie und dieses flüchtet sich wieder in neuen Besitz. Und so steigt die Angst noch weiter und man entfremdet sich immer mehr und mehr von seinem wahren Wesen. Und der Nebeneffekt ist, dass man ständig weniger sein Bewusstsein entwickelt und weniger glücklich ist, dafür aber immer mehr funktioniert und trotz allem Besitz unglücklich bleibt. Nicht ein materielles Fundament brauchen wir, sondern ein spirituelles. Alles Materielle verschwindet sowieso spätestens nach dem leiblichen Tod.

„Die beste Methode, der Welt zu dienen, ist, den egolosen Zustand zu gewinnen." (Ramana Maharshi)

Das Haben setzt ein Haben wollen voraus. Dieses Verlangen erhält das Ego am Leben. Es entsteht dauernd ein neues Haben wollen, ein neues Verlangen, welches dem Ego eine Identität beschert. Man kann sich selbst aber nur durch das SEIN definieren. So haben sich zum Beispiel die meisten Indianer im Gegensatz zum Zivilisationsmenschen niemals durch das HABEN definiert, während der Zivilisationsmensch sein gesamtes Leben vom HABEN abhängig macht. Verliert er Besitz, ist er unglücklich und leidet. Er spricht von SEINEM Land, SEINEM Ehepartner und SEINEM Haustier. Er redet gerne von SEINEM Geschlecht, SEINEM Beruf und SEINER Religion. All das gibt ihm das trügerische Scheingefühl der Sicherheit und zeigt deutlich, wie sehr er im Gegensatz zu den Naturvölkern vom EGO vereinnahmt ist. Er IST Lehrer, er IST Mechaniker, er IST Anwalt, er IST Pilot oder er IST Müllmann. Er setzt sich also mit seiner Funktion in der Gesellschaft gleich, bis diese ihn beherrscht und zu einer Rolle degradiert. Dadurch verwechselt er sich selbst mit einer Tätigkeit und kategorisiert seine Mitmenschen ebenso. Man sieht durch die Ego-Brille auf die Welt und dabei entsteht ein völlig krankes und verzerrtes Identitätsgefühl, welches für ständiges Lebensunglück sorgt. Und dabei IST er in Wahrheit nur eines: ein unsterbliches, göttliches Bewusstsein!!!

Man kann über 100 Paläste besitzen mit Schatztruhen voller Gold und Silber und innerlich trotzdem leer und arm sein. Und diese innere Leere können selbst 1000 Paläste und 1000 Schätze nicht stopfen. Oft ist es so, dass diejenigen, die viel besitzen, die reich an materiellen Besitztümern sind, den Appetit am Leben verloren haben. Sie haben so viele Schätze angehäuft, stellen jedoch fest, dass die innere Leere nach wie vor da ist. Sie werden depressiv, anstatt zu verstehen, dass sie ihr Leben lang das persönliche Glück dort gesucht haben, wo es nie war – im Außen, in Geld, im Haben. Glück ist immer eine rein innere Angelegenheit. Bezeichnender Weise ereignen sich die meisten Selbstmorde in den reichen Industrieländern, obwohl dort die Menschen materiell gesehen am besten versorgt sind. Doch gerade weil sie sich so sehr aufs Haben konzentrieren und so am wahren Leben vorbei gehen, verlieren sie eines Tages die Freude daran.

Nimmt man dem zivilisierten Menschen etwas weg, dann leidet er darunter, unabhängig ob es sich bei dem weggenommenen Objekt um etwas Kostspieliges oder „Billiges" handelt. Warum? Weil jeder unbewusste und vom Ego gefangene Mensch sich mit dem Besitz gleich setzt und seinen Gefühlszustand von äußeren Dingen abhängig macht. Wir kennen es aus der Werbung: man bewirbt nicht mehr das Produkt selbst, sondern man verkauft das damit verbundene Gefühl, die Aufwertung des Selbstgefühls. Die Werbung versucht uns jeden Tag einzureden, dass wir durch den Kauf eines bestimmten Produktes Glück besitzen können – was für ein vollendeter Schwachsinn. Dass solch eine dümmliche Werbung Erfolg haben kann, zeigt überdeutlich, wie sehr sich unbewusst denkende Menschen mit einem Produkt identifizieren. Sie glauben dadurch ihre eigene Identität aufpolieren zu können. Und je kostspieliger etwas ist, desto exklusiver ist es für die Menge der unbewusst denkenden Menschen. Würde jeder kostspielige Dinge kaufen, wäre der psychologische Effekt weg. Dieser Effekt wirkt jedoch, wie gesagt, nur auf unbewusste Menschen, die sich ihres göttlichen Selbst nicht bewusst sind.

Kauft man etwas ein, befriedigt es einen nur kurzzeitig, denn schon bald ist das Glücksgefühl wieder weg und das Ego verlangt nach mehr. Und so dreht man sich das ganze Leben lang in einem Teufelskreis, ohne sich darüber bewusst zu sein. Der Horizont des EGOs ist nun einmal ein Kreis mit Radius null. Das Verlangen nach Haben wollen bekommt irgendwann eine Eigendynamik, die man kaum noch stoppen kann. Wenn in der Natur etwas wächst, ist es nie endlos. Das Ego aber will immer mehr haben (ähnlich wie der Zins). Es will immer mehr besitzen, es lebt nach dem Suchtprinzip: „Ich will immer mehr." Das Ego denkt: „Ich besitze etwas, also bin ich. Je größer und bedeutender mein Besitz, desto größer und bedeutender bin ich." Das Glücksgefühl, welches durch das Besitzen entsteht, ist pure Oberflächlichkeit. Dem Ego reicht es irgendwann nicht, es will mehr, denn irgendwie fehlt da was, das Glücksgefühl ist nicht komplett, nicht vollständig. Im Grunde bedeutet das aber nur, dass das Ego sich für unvollständig und nicht komplett hält, da es von der Schöpfung getrennt ist.

Viele Prominente, die alle möglichen materiellen Erfolge erreicht haben, wenden sich wie aus heiterem Himmel spirituellen Themen zu. Sie sehen, dass sie trotz Luxusvilla, Millionen auf dem Konto, Strandhaus in Hawaii, Privatjet und den teuersten Limousinen innerlich nicht erfüllt sind. Sie merken, dass es da noch mehr geben muss.

Das Ego versucht mittels äußerlicher Tätigkeiten Macht in Form von Geld, Entscheidungsgewalt und Kontrolle zu erlangen. Doch jegliche

Macht wird uns spätestens nach dem physischen Tod wieder weggenommen. Wozu Macht in der Außenwelt suchen, wo wir doch die personifizierte Macht sind? Wir alle sind Schöpfer, die mit ihren Gedanken und Gefühlen Realitäten erschaffen. Diese Macht ist ein Teil von uns und wir nehmen sie auch auf unserem Weg ins Jenseits und andere Dimensionen mit.

Halten wir uns immer vor Augen, dass ein Leben aus dem Ego heraus zwar zu materiellem Wohlstand und gesellschaftlichem Ansehen führen kann, aber es kann niemanden glücklich machen. Das kann man bei Menschen während der Midlife-Crisis beobachten, wenn man eine Bilanz des bisherigen Lebens zieht und tief im Inneren feststellt, dass man sich von sich selbst entfremdet hat und innerlich leidet. Und das womöglich trotz hohem Einkommen, hohem gesellschaftlichem Rang und einer intakten Beziehung. Irgendwie zählen diese Erfolge alle nicht, denn sie machen nicht glücklich, sie sind leer und schal.

DAS SPIRITUELLE EGO

"Da wir alle eins sind, gibt es keinen Grund, sich über andere zu stellen. Jedes Gefühl, das einem sagt, man sei etwas Besseres als der Rest der Welt, ist ein Egotrip." (Unbekannt)

Irrtümlicher Weise denken viele Menschen, wenn sie keinen materiellen Besitz haben und enthaltsam leben, seien sie dadurch befreit vom Ego. Dies ist ein gefährlicher Trugschluss, denn das Ego braucht nicht unbedingt materiellen Besitz, um sich am Leben zu erhalten. Jeder weiß, dass es Menschen gibt, die finanziell gerade mal so über die Runden kommen, aber trotzdem ein weltallgroßes Ego haben. Der Mensch kann sich gerade dadurch, dass er sich wegen materieller Enthaltsamkeit für spiritueller hält als die restliche Menschheit, ins Ego verrennen. Das Ego redet solchen Menschen ein, dass sie das spirituelle Niveau eines Zen-Mönchs oder sonstigen Meisters erreicht haben. Dann bildet sich ein sogenanntes „spirituelles Ego", eine besonders subtile Schicht des Egos. Und wie bei jeder anderen Form des Egos hält man sich auch mit diesem Ego anderen für überlegen, es wird weiter das Spiel "Ich bin besser als Du" gespielt. Nur weil man es hier nicht mit einem hohen Bankkonto macht, sondern mit angeblich spiritueller Überlegenheit, die man anderen Menschen beweisen will. Dasselbe Spiel in einer anderen Farbe, vielleicht noch gefährlicher als die anderen Arten des Ego, weil das spirituelle Ego im Gegensatz zum Ego eines Politikers nicht auf Anhieb zu erkennen ist.

Menschen mit einem spirituellen Ego sind ebenso blind wie andere Ego-Menschen, oft sogar noch blinder. Denn während materiellorientierte Menschen noch nie etwas vom Ego gehört haben, glauben Menschen mit einem spirituellen Ego, dass sie egofrei sind, dass sie das Ego hinter sich gelassen haben. Ein Zeichen, dass dies nicht der Fall ist, ist der Drang bei solchen Menschen, dass sie mit stolzgeschwellter Brust jedem davon erzählen müssen.

Oft ist es auch so, dass Menschen mit einem spirituellen Ego "up-to-date" sind bezüglich aller wichtigen Informationen zum Thema "Ego". Sie können stundenlang alles über das Ego, seine Fallen und Versuchungen erzählen, und haben auf jede Frage eine Antwort. Doch sie setzen dieses Wissen nicht ein. Sie wissen um die Gefährlichkeit des Egos, tun aber nichts dagegen, außer anderen Menschen zu predigen, sie sollen IHR Ego auflösen. Doch für ihr eigenes Ego sind sie blind. Das ist vergleichbar mit einem Kettenraucher, der genau weiß, wie sehr Rauchen seine Gesundheit beeinträchtigen kann, aber trotzdem wie ein Schornstein qualmt und anderen Rauchern Moralpredigten hält, sie sollen endlich das Rauchen aufgeben.

Dem Ego ist es wichtig, dass es sich auf eine Identität beziehen kann, denn nur so überlebt es, nur so kann es fortbestehen. Welche Identität ist im Grunde egal, denn das Ego wird sich immer als etwas Erhabenes hervortun wollen, sei es durch Geld, durch eine extravagante Art, durch sexuelle Potenz, durch angebliche Spiritualität oder sonst etwas. Das Ego liebt Rollen, denn Rollen geben dem Ego die Gelegenheit, sich auszuleben. Das Ego hält sich für unvollständig und deshalb will es immer mehr Rollen spielen, um vollständig zu werden, was aber vergebliche Liebesmühe ist und stattdessen nur das Leiden verlängert.

Ich selbst beschäftige mich mit materiellen Dingen, so wie jeder andere Mensch auch, aber ich klammere mich nicht daran fest. Dies ist sehr wichtig. Wir sollten materielle Dinge also nicht als schlecht ansehen oder verurteilen, da wir derzeit in einer materiellen Welt leben und auf materielle Dinge angewiesen sind. Alles Materielle hat schließlich seinen Ursprung im Geistigen, alles was existiert, wurde gedacht und hat materielle Form angenommen. Würden wir alles Materielle verurteilen, wäre auch das wieder die pure Oberflächlichkeit des Egos.

DAS EGO SUCHT ANSPANNUNG

Nichts schwächt das Ego mehr, als eine friedliche Lebensweise, in der man allen (harmonischen sowie disharmonischen) Situationen mit Liebe begegnet. Das Ego ist nämlich immer im Krieg, es will immer über die anderen herrschen. Wenn die Mehrzahl der Menschen so denkt, wenn sie alle Gedanken des Krieges im Kopf haben, dann kommt es zu Weltkriegen. Viele würden an dieser Stelle laut rufen: „Stimmt nicht. Ich will lieber Frieden und keinen Krieg." Klar sagst Du das, und im Grunde gibt es niemanden, der lieber Krieg anstatt Frieden will. Aber in den meisten zivilisierten Menschen sitzt etwas, was auf Anspannung, Wettkampf und Dramatik aus ist. Jedes Mal, wenn Dir Frieden und Harmonie zu wenig sind und etwas in Dir nach Anspannung, Action und Dramatik verlangt, dann bedeutet das, dass dieses ETWAS in Dir sich sehr wohl fühlt, diese Dinge zu konsumieren. Wenn jemand wirklich bewusst lebt und absolut auf Frieden aus ist, der hat keinen Nährboden in sich für Aggressionen, Gedanken des Kampfes, der Anspannung und der Dramatik. Trotzdem konsumieren Milliarden von Menschen Filme, in denen ein Mensch den anderen tötet, in denen es dramatisch zugeht und unglückliche Menschen dargestellt werden, in denen gefoltert, gelogen, intrigiert und geschlagen wird. Und er nennt das Ganze Unter-HALTUNG (man wird geistig unten gehalten). Es konsumieren Milliarden von Menschen Boxkämpfe und andere sportliche Wettkämpfe, in denen der eine dem anderen überlegen sein will.

„Einer Gesellschaft, die man damit unterhalten kann, dass zwei Leute einen Ball hin und her schlagen, ist alles zuzutrauen." (Manfred Rommel, ehemaliger Stuttgarter Oberbürgermeister)

Es reagieren Milliarden Menschen sauer, wenn man ihnen etwas, was sie sagen, nicht glaubt und nehmen das persönlich, so dass sie einen völlig unnötigen Streit vom Zaun brechen. Man ist angeblich auf Frieden aus, konsumiert aber täglich Bilder der Gewalt, des Wettkampfes und des Krieges, oder beginnt wegen Rechthabereien Streitereien. Passt doch irgendwie nicht zusammen – oder? Aber auch Achterbahn fahren und Bungee-Jumping sind beliebt. Etwas ist in uns und sucht den Kick, etwas in Dir sucht die Aufregung, welche keine Harmonie zulässt. Die meisten Menschen ahnen nicht, dass sie das unter Zwang tun, denn wäre kein Zwang vorhanden, würden die Menschen es nicht tun. Sie werden benutzt und wissen es nicht einmal. Und was ist es, was da in den Menschen sitzt? Die zum Leben erwachte Angst – das Ego. Immer, wenn Du etwas in Dir spürst, was Frieden und Harmonie als zu langweilig empfindet und nach Aufregung verlangt, sollte Dir klar sein, dass das nicht DU bist, sondern Dein Ego. Fakt ist: ohne ein Ego würde es keine Disharmonien wie Kriege geben. Bewusst lebende Menschen sind nie auf Disharmonie aus. Stattdessen sind sie darauf aus, die Liebe zu verbreiten, den Frieden gesellschaftsfähig zu machen und Glück in die Welt zu bringen. Bewusste Menschen sind vornehmlich in den unzivilisierten Naturvölkern vorzufinden.

„Die zivilisierten Völker sind für das Gift der Barbarei so anfällig wie das blanke Eisen für den Rost. Völker und Stahl, beide glänzen nur an der Oberfläche." (Antoine de Riverols)

Überleg doch mal ganz ehrlich: wenn jemand wirklich Frieden will, dann interessiert ihn nichts, aber auch wirklich REIN GAR NICHTS, was auch nur ansatzweise Gedanken der Aggressionen, Wettkämpfe und Dramatik enthält. Man kann daran deutlich messen, wie sehr man vom Ego noch kontrolliert wird. Hinter all diesen Ego-kontrollierten Verhaltensweisen steckt immer die bloße Angst. Die Angst, nicht im Recht zu sein, die Angst bedroht zu werden, die Angst anderen nicht überlegen zu sein, die Angst, dass andere Menschen über Dich siegen, die Angst nicht geliebt und anerkannt zu werden. Der bewusst lebende Mensch sieht sich mit allem verbunden, also wieso sollte er jemand anderem überlegen sein, wieso sollte er in den Kampf ziehen, um zu siegen? Das ist unreif, dumm und unbewusst. Der bewusst lebende Mensch will in Frieden SEIN, nicht das Recht HABEN.

"Wer mir was von gutem Krieg erzählt, soll mir einen schlechten Frieden erklären..." (unbekannt)

„Wer nicht an den Frieden glauben kann, glaubt notwendigerweise an den Krieg und wirkt für den Krieg durch sein ganzes Tun und Lassen." (Silvio Gesell)

Das Ego hat noch nie etwas anderes getan, außer uns Probleme zu bereiten, uns das Leben zu vermiesen und uns zu quälen. Ein Blick auf die täglichen Nachrichten reicht vollkommen aus, um zu sehen, wie sehr das Ego die Menschheit (noch) im Griff hat. Man stelle sich vor, die Menschheit und ihre gesamte Geschichte wären eine Person, die von einem Psychologen untersucht würde. Die Menschheitsgeschichte liest sich blutiger als der blutigste Horror- und Splatterfilm aller Zeiten. Was wären die Symptome, was wäre die ärztliche Diagnose? Extremer Mordtrieb, Hass auf alles Andersartige, Wahnsinn höchsten Grades, egoistischer Besitzanspruch auf alles, was man HABEN kann, chronische Angst vor dem Wechsel in andere Schwingungswelten (sterben), Verlust der eigenen Identität, Gewalt- und Zerstörungslust gegenüber der Natur, Paranoia im Endstadium. Die Auswirkungen dieser geistigen Krankheit – und nichts anderes ist das Ego- sind Krieg, Umweltzerstörung, innere Ängste, Selbstzweifel, Hass und Gier, eine disharmonische Schwingung, aber sie sind nicht die Wurzel des Problems. Die Quelle dieses Übels ist die Unbewusstheit der Menschen.

DER EGO-SCHMERZKÖRPER

Das Ego lebt von Disharmonie und ernährt sich von emotionalem Schmerz. Nach jeder unangenehmen Erfahrung (Streit, Unfall, Krankheit…), vergessen wir diese nicht, sondern tragen sie als Erinnerung mit uns herum, erzählen allen möglichen Menschen davon, durchleben den Schmerz immer wieder aufs Neue. Unsere Schwingung sinkt dadurch auf eine äußerst tiefe Ebene. Die beste Voraussetzung, um durch das Gesetz der Anziehung wieder ähnliche, negative Erfahrungen anzuziehen.

Schmerzempfindungen sind destruktive Energieansammlungen, die sich in uns eingenistet haben. Sie bilden einen Schmerzkörper in uns, der dem Ego als Nahrungsquelle dient. Dabei wird unterschieden zwischen dem persönlichen und dem kollektiven Schmerzkörper. Der persönliche Schmerzkörper entsteht aus unseren eigenen negativen Erfahrungen, während der kollektive Schmerzkörper aus dem Schmerz der Menschheit besteht, der in den letzten Jahrtausenden durch Krieg, Folter und andere Grausamkeiten geschaffen wurde.

Das Ego bringt Dich durch den Schmerzkörper dazu, Dich mit ihm zu identifizieren. Das Ego versucht mittels des Schmerzkörpers Dein Selbstgefühl zu verzerren, so dass Du unbewusst jeden Versuch, die Schmerzgefühle in Dir zu heilen, ablehnen wirst. Das Selbstbild vieler Menschen gründet sich komplett auf ihren Schmerzkörper, so dass sie ständig depressiv, melancholisch und/oder verbittert sind, und dies für ihr wahres Ich, für sich selbst halten. Durch diese Identifikation zieht man immer weitere schmerzvolle Erfahrungen an, will man unbewusst immer mehr Schmerz, so dass man schon bald in einem Teufelskreislauf gefangen ist.

Emotionaler Schmerz ist das beste Mittel, um Freude und Glück zu verhindern. Schmerz kann sich nämlich nur von weiterem Schmerz ernähren und schließt alles andere aus. Ob Wut, Hass, Neid oder Angst, alle entstehen aus irgendeiner Art von Schmerz. Das Ego wird immer versuchen, Dir Schmerzen zu bereiten, ob es sich dabei um seelische oder körperliche Schmerzen handelt. Immer wenn man dunkle Gedanken entwickelt, auf jemanden wütend ist oder in

Selbstmitleid versinkt, wenn man sich gerne Filme ansieht oder Musik hört, die Trauer und Schmerz verursachen und daraus eine Art Befriedigung gewinnt, den Drang danach verspürt, über unangenehme Erfahrungen zu sprechen und sie dadurch lebendig zu halten, bedeutet dies, dass unser Schmerzkörper uns gerade dirigiert.

Man löst den Schmerzkörper auf, indem man ihn einfach nur beobachtet, ohne zu urteilen, und dadurch die Identifikation mit ihm schrittweise auflöst. Sobald man erkannt hat, dass man einen Schmerzkörper in sich hat und die destruktiven Schmerzen von ihm kommen und nicht von uns, ist der erste Schritt zu seiner Auflösung bereits in die Wege geleitet.

Es liegt an uns, keine neuen Schmerzen zu erschaffen.

DAS EGO BEDROHT DIE MENSCHHEIT

In abgeschwächter Form zeigt sich das Ego bereits im Verkünden von Neuigkeiten. Der vom Ego gesteuerte Mensch will jemandem etwas erzählen, was dieser noch nicht weiß. Dadurch entsteht ein Gefühl der Überlegenheit, weil man etwas weiß, was der andere noch nicht weiß. Doch das ist nur eine harmlose Variante des Egos. Das Ego ist viel gefährlicher, denn die bloße Existenz des Egos stellt heute das Überleben der Erde und der Menschheit in Frage. Es sorgt nämlich ständig dafür, dass die Menschen untereinander zerstritten und zerrissen sind. Der EGO-beherrschte Mensch hat mehr Menschen in unzähligen, barbarischen und primitiven Kriegen umgebracht, als es Naturkatastrophen vollbracht haben. Solange der Mensch sich von der Natur getrennt sieht, wird er in seinem EGO – Wahnsinn wie ein Schädling weiterhin den Planeten verwüsten und vernichten. Das Ego bringt den Menschen dazu, an dem Ast zu sägen, auf dem er selbst sitzt. Der Weg des EGOs ist immer der Weg in die Selbstvernichtung. War das Ego in der Vergangenheit ein Übel, welches die Menschheit nie als Rasse bedrohte, sieht es heute leider anders aus. Durch die EGO-beherrschte Technik, die meist nur für destruktive und profitorientierte Zwecke erfunden wurde, ist es heute ein Leichtes, die Menschen innerhalb einiger weniger Monate komplett auszurotten. Die menschliche Intelligenz ist in Verbindung mit dem menschlichen Ego etwas ungemein Gefährliches. Sie erschafft im Dienste des Egos Giftgase, Gewehre, Pistolen, Panzer, Kriegsschiffe, Raketen, Viren, Folterlager und Atombomben. Gerade aufgrund solcher Tatsachen ist es allerhöchste Zeit, einen Bewusstseinswandel zu vollziehen, um das Steuer vor der alles entscheidenden Kurve noch einmal herum zu reißen. Was will die Menschheit lieber? Spirituelle und harmonische Weiterfahrt bzw. Weiterentwicklung oder einen Unfall mit Totalschaden, weil das Ego keinen (Lebens-)Führerschein besitzt? Was bevorzugt wir? Eine schöne, blühende Welt oder eine vollkommen ausgebeutete und verwüstete Natur? Die Zeit drängt und es ist zwingend notwendig, unser Bewusstsein zu transformieren. Erst dann haben wir die erforderliche Wunschschwingung, mit der wir uns alle ein glückliches, friedliches und harmonisches Leben erschaffen können.

„Wenn man die buddhistische Lehre, dass der Mensch nicht von der Natur getrennt ist, erkennt, akzeptiert und praktiziert, dann kann es keinen Missbrauch, keine Ausbeutung oder Vergiftung der materiellen Welt geben, denn alles, was wir der Natur zufügen, tun wir uns selbst an." (Philip Kapleau)

UNTERSCHIEDE ZWISCHEN EGO UND WAHREM SELBST

Der Unterschied zwischen dem wahren Selbst und dem Ego ist so groß wie der zwischen Himmel und Hölle. Werfen wir einmal einen Blick auf die wichtigsten Unterschiede zwischen ihnen:

Ego	**Wahres Selbst**
Ist in Raum und Zeit gefangen	Ist außerhalb von Zeit und Raum
Denkt rational	Ist intuitiv
Baut auf Erfahrungen auf	Weiß intuitiv alles
ICH-Bezogenheit	WIR-Bezogenheit
Lebt für die Trennung	Lebt für die Einheit
Ist voller Ängste	Ist voller Liebe
Giert nach Recht, Lob, Ruhm	Frei von jeglicher LEID-enschaft
Ist unbewusst	Ist überbewusst
Getrennt von universaler Quelle	Vereint mit universaler Quelle
Begrenzte Sinneswahrnehmung	Unbegrenzte Wahrnehmung
Anfällig für Beeinflussungen	Frei von Beeinflussung
Vergänglich, sterblich	Unvergänglich, unsterblich
Künstlich	Natürlich
Unwirklich	Wirklich

„Für das kosmische Bewusstsein, das nicht durch das Ego begrenzt wird, gibt es nichts von sich selbst Getrenntes, und es ist bloß gewahr. Das ist, was die Bibel mit «Ich bin, der ich bin» meint."
(Ramana Maharshi)

Jedes mal, wenn wir uns über jemanden lustig machen, weil er ärmer, dümmer, kleiner, schwächer oder nicht so attraktiv ist, zeugt das nur von einem sehr hungrigen Ego, welches auf Nahrungssuche nach disharmonischen Schwingungen ist. Wenn jemand nur darauf aus ist, das Gesetz der Anziehung für die Befriedigung seiner materiellen Wünsche zu nutzen, der ist bereits seinem Ego verfallen. Wenn Du nervös wirst in Gegenwart eines Bundespräsidenten, eines bekannten Schauspielers, eines erfolgreichen Unternehmers oder Deines Chefs, dann hat das Ego immer noch die Oberhand. Dann lebst Du in dieser Hinsicht noch unbewusst, denn wärst Du Dir Deiner Selbst bewusst, dann wüsstest Du, dass ihr alle EINS seid. Fühlst Du Dich einem Trabbifahrer auf irgendeiner Art und Weise überlegen, nur weil Du vielleicht einen Porsche fährst? Dann hat Dein Ego Dich im Griff und Du wirst es schwer haben, glücklich zu sein, wenn Du mal irgendwann selbst einen Trabbi, statt einen Porsche fahren solltest. Dein Ego schreibt Dir nämlich vor, dass Du Dein Glück von äußeren Dingen abhängig zu machen hast. EGO-Menschen verwechseln Liebe mit Besitzergreifung, Respekt mit Unterwürfigkeit, materielle Sinnbefriedigung mit Glück und liebevolle Beziehungen mit sexuellen Interessengemeinschaften. Wenn der Partner sich von Dir trennt und Du entwickelst Hassgefühle ihm gegenüber, dann bist Du „voll im Ego", denn nur das Ego kann hassen, nicht Dein wahres Selbst.

Die meisten Menschen haben eine intuitive Ahnung, dass sie von ihrem wahren Wesen getrennt sind. Legt man sein Ego ab, hat man den Durchbruch zu seinem Bewusstsein geschafft. Wenn uns äußere Anerkennung, Angst, die unersättliche Reizbefriedigung unserer Sinne, das Gefühl der Überlegenheit, der Gier und der Rechthaberei unwichtig werden, haben wir unser inneres Gleichgewicht erreicht. Befreien wir uns von äußerlichen Abhängigkeiten, denn erst dann sind wir wirklich und wahrhaftig frei. Zweifel Dein Ego nicht an, geschätzter Leser, sondern sei Dir seiner Existenz und den daraus resultierenden Konsequenzen bewusst, denn nur durch den Weg der

Selbsterkenntnis stellst Du die Weichen für eine krisenfreie und harmonische Zukunft.

Das Ego ist wie ein lästiger Bettler, der ständig sagt: „Gib mir Respekt. Gib mir Bestätigung." Und wenn es Bestätigung bekommt, gibt es dennoch keine Ruhe, sondern will noch mehr. Der kleine Finger reicht nicht, jetzt will es die ganze Hand, dann den ganzen Arm usw. Eine Sufi-Geschichte verdeutlicht sehr bildhaft, wie unersättlich das Ego ist:

Auf einem Rundgang durch seine Hauptstadt begegnete der König einem Bettler. „Wenn Du mir etwas geben willst", sagte der Bettler zum König, „dann musst du dich an meine Bedingung halten". Der König war verblüfft. Er kannte viele Bettler, aber einer, der ihm Bedingungen stellen wollte, war ihm noch nie begegnet. Er schaute dem Mann in die Augen und spürte, dass er eine starke Ausstrahlung hatte. Merkwürdig! Dieser Bettler hatte Power und Charisma. Tatsächlich war der Bettler gar kein Bettler, sondern ein Sufi-Mystiker, aber das ahnte der König nicht. „Was meinst du mit »Bedingung«?" fragte der König und der Bettler antwortete: „Ich nehme dein Almosen nur an, wenn es dir gelingt, meinen Bettelnapf bis zum Rand zu füllen." Der König glaubte, sich verhört zu haben. Der Bettelnapf war klein. Wollte sich der Bettler über ihn lustig machen? „Wie kommst du denn auf die Idee, dass ich deinen kleinen dreckigen Bettelnapf nicht voll kriege!" fragte der König scharf. „Ich bin doch kein Bettler, so wie du!" Der Bettler lächelte und sagte: „Es ist besser, wenn ich dich warne, bevor du es versuchst und vielleicht Probleme kriegst." Was zum Teufel bildete sich dieser Bettler ein? Der König war neugierig und wütend geworden. Er befahl seinem Wesir: „Mach diesen Bettelnapf voll!" Der Wesir eilte in den Palast, kehrte nach ein paar Minuten mit eine Tasche voller Edelsteine zurück und warf sie in den Bettelnapf. Da passierte etwas Merkwürdiges: Die Edelsteine verschwanden in dem Bettelnapf so schnell, wie der Wesir sie hineinwarf! „Weiter!" rief der König. „Mehr!" Er war außer sich vor Erstaunen und Wut. Er wollte um keinen Preis in der Welt nachgeben und dem Bettler einen Triumph gönnen. Der Wesir eilte in den Palast zurück und holte mehr Edelsteine. Aber auch sie verschwanden in dem Napf des Bettlers. Jetzt verlor der König seinen Verstand. Er war bereit, sein ganzes

Königreich aufs Spiel zu setzen. Der Bettler durfte einfach nicht gewinnen! „Mehr!" schrie er und der Wesir eilte davon und holte mehr Edelsteine, immer mehr, bis die Schatzkammer leer war. So verschwand das ganze Vermögen des Königs und der Staatsschatz in dem kleinen Bettelnapf. Und am Ende war der König genau so arm wie der Bettler. Jetzt endlich kam der König wieder zur Vernunft. Er verbeugte sich vor dem Bettler. „Ich habe dich beleidigt", sagte er. „Bitte vergib mir. Und bevor du gehst, verrate mir bitte das Geheimnis deines Bettelnapfes. Wie kommt es, dass alle meine Schätze in ihm verschwunden sind?" Der Bettler lachte und sagte: „Ich habe den Napf aus dem gleichen Stoff gemacht, aus dem das menschliche Ego gemacht ist. Das Ego kann nie genug kriegen. Was immer du ihm gibst – es verschwindet. Es ist nie erfüllt. Das Ego ist wie ein Abgrund, der alles verschlingt. Und obgleich es alles verschlingt, bleibt die innere Leere, da es IMMER unzufrieden bleibt. Erst wenn das Ego überwunden ist, beginnt das wahre Leben."

DU BIST NICHT DAS EGO

Wer im Ego ist, erkennt nur selten, dass negative Gefühle wie Wut, Trauer oder Neid ein Leiden, eine Krankheit, eine geistige Störung sind. Stattdessen reden sich im EGO verlorene Menschen ein, dass in bestimmten Situationen Wut oder ein anderes negatives Gefühl die einzige „vernünftige" und mögliche Reaktion sind. Damit degradieren sich diese Menschen zu einem Spielball ihrer EGO-Gefühle, zu einem hilflosen Reiz-Reaktions-Wesen. Verwechsle Dich nicht mit einer Verhaltensweise oder mit einem Denkmuster, denn Du bist viel mehr. Sage nicht, dass Du gerade unglücklich bist, sondern dass etwas IN DIR unglücklich ist.

Das Ego ablegen ist eine absolute Grundvoraussetzung, um sich zum Glücklichsein zu ändern. Solange man das Ego mit sich herumschleppt, lebt man mit der Last eines sehr unglücklichen, künstlichen Ichs. Vergiss niemals: das Ego hat nichts zu tun mit dem göttlichen

Bewusstsein, welches Du bist. Das Ego ist eine illusorische Persönlichkeit, eine Selbsttäuschung. Man hält das Ego für sich selbst, dem ist aber nicht so. Wer das glaubt, lässt zu, dass das Ego ein Leben lang Pingpong spielt mit ihm. Sobald Dir bewusst wird, dass das Ego nur eine Täuschung ist, verschwindet es aus Deinem Leben. Bist Du ein bekannter Prominenter? Hast Du großen beruflichen Erfolg? Bist Du wohlhabend? Wirst Du bewundert? Hast Du Macht? Bist Du gutaussehend? Hast Du eine tolle Figur? Hast Du einen beeindruckenden Titel? Dein höheres Bewusstsein kann darüber nur lachen, da all diese Aspekte völlig belanglos sind. Sie gehören zur illusorischen Welt des Egos, denn im universalen Bewusstsein musst Du nicht um Deine Existenz, um Dein Überleben oder um Anerkennung kämpfen. Du musst Dich niemandem beweisen, weder Dir, noch Deiner Umwelt. Du musst niemandem gefallen, Dich als würdig erweisen, Wohlstand und Macht anhäufen, Dich materiell absichern und Dich mit lächerlichen Sinnesbefriedigungen abgeben. Nein, im universalen Bewusstsein wirst Du geliebt, weil Du existierst, weil Du BIST. Dort bist Du ewiglich, angstfrei und immer gut versorgt. Du brauchst Dich dort auch nie ins Zentrum des Universums zu stellen, da wir alle eins sind. In dieser wahren Welt gibt es keine Feinde und keine Probleme, kein Bewerten und kein Verurteilen. Je BEWUSSTER Du wirst, desto mehr wirst Du die materiellen Spielregeln des Egos als das erkennen, was sie sind: als Ketten, die Dich immer an die vergängliche materielle und unglücklich machende Welt fesseln, so dass Du dem Parasiten „Ego" weiterhin als ewige Nahrungsquelle dienen kannst. Je bewusster Du wirst, desto mehr erkennst Du den Irrsinn dieser Ego-Welt und löst Dich von den Ketten, die Dich an diesem kranken Spiel teilnehmen lassen. Dir wird klar, auf was für ein perverses Spiel Du Dich eingelassen hast, nämlich auf ein Spiel, dessen Ausgang von Anfang an fest steht: Dich unglücklich zu machen. Du lässt Dich immer weniger blenden von der Illusion der illusorischen Macht, des illusorischen Wohlstandes und der illusorischen äußeren Anerkennung. Du wirst immer freier und weißt innerlich, dass es Zeit ist für das wahre Leben, das glückliche Leben ohne Angst, Sorgen und Machtstreben. Du erkennst immer mehr und mehr, dass Du nicht die Krankheit bist, die Dich befallen hat. Das Problem der Menschheit besteht nicht nur darin, ein Ego zu haben, sondern sich eben für das Ego zu halten, sich mit ihm zu identifizieren. Und je weniger Du Dich mit ihm identifizierst, desto schneller wirst Du es los, desto immuner wirst Du gegen die typischen Ego-Symptome Wut, Hass, Vorurteile, Scham, Schuldgefühle, Angst, Gier, Neid, Eifersucht, Pessimismus, Gewinnstreben, Geltungsbedürfnis, Kontrollsucht, Zukunftssorgen und Konkurrenzdenken.

Denk doch einmal zurück, was Du alles in Deinem Leben schon getan hast, um Dein Lebensglück zu erreichen. Du hast Dich bemüht, Dich angestrengt, hast geplant, gedacht, Entscheidungen gefällt und Handlungen ausgeführt. Du hast während Deines Lebens viel gelacht und viel geweint, gearbeitet und entspannt, versucht und ausprobiert, gewonnen und verloren, gehofft und gewünscht, warst zuversichtlich und hoffnungslos, mutig und ängstlich, liebevoll und hasserfüllt, aber wann hast Du jemals das Ziel, das persönliche Lebensglück wirklich erreicht??? Niemals, denn bei dem Glück, das Du bislang erlebt hast, handelt es sich lediglich um vergängliche Momentaufnahmen. Langsam dämmert es Dir bestimmt, dass man nicht glücklich sein kann, solange das Ego die Kontrolle hat und Du unbewusst in einer Ego-Welt dahin vegetierst. Das Ego lenkt Dich Dein ganzes Leben lang in eine Richtung, während das Glück in der entgegen gesetzten Richtung liegt. Das Ego steht für Getrenntheit, die keinen Platz hat in einem Universum des Einsseins. Halte Dir vor Augen, dass Du nicht das Ego bist. **DU bist ein göttliches Bewusstsein, welches sich selbst vergessen hat.** Das Ego muss weichen, denn das Glück in unserem Leben kann nur durch das wahre Selbst geschaffen werden. Das schafft man durch Liebe und das Verinnerlichen der Tatsache, dass nichts voneinander getrennt ist.

Wir sind es, die die Gedanken des Ego denken, aber wir sind nicht das Ego. Wir müssen uns weigern, das Ego als Teil unserer Identität anzuerkennen. Unsere Identität ist Liebe, nicht Angst, Zorn und Hass.

Kurze Zusammenfassung:
Das Ego ist die Wurzel aller Streitereien, aller Kriege, allen Hasses, aller Ängste, aller Verzweiflung, allen Unglücks auf der Welt, da es die unbewussten Menschen zu den geistesgestörtesten Gedanken, Gefühlen und Handlungen treibt, die das absolute Gegenteil von Glück und Freude darstellen. Das Ego will Angst

erzeugen, während unser wahres Wesen nach Glück und Liebe strebt.

Du bist kein Ego, Du bist keine Maske, Du bist keine Angst, Du bist keine Wut, Du bist keine Gier. DU bist DU.

DAS EGO GESELLSCHAFTS-SYSTEM

Wenn wir erfolgreich Wünschen wollen, dann geht das nur ohne Angst, ohne Druck, ohne Ego, dann geht das nur, indem man **bewusst** lebt. Die meisten Menschen leben jedoch noch unbewusst. Das Ego hat den Großteil der Menschheit voll im Griff. Und das ist auch der Grund, warum wir in einer Gesellschaft des Egos leben, in der die Liebe zu kurz kommt und die Trennung auf jede nur erdenkliche Weise durchgespielt wird, und deshalb Krisen aller Art an der Tagesordnung sind. Man könnte ein ganzes Buch nur über das heutige Gesellschaftssystem und seine negativen Auswirkungen auf das menschliche Leben schreiben, und es gibt eine Menge davon, daher beschränke ich mich auf die größten Eckpfeiler des Ego-Systems. Die Gefahren dieser Ego-Fallen hervorzuheben, halte ich für ausgesprochen wichtig, denn nur wenn wir eine Gefahr (er)kennen, können wir ihr auch ausweichen.

Für viele unbewusste Menschen sind diese Ego-Kreationen nämlich derart „normal" geworden, dass sie sie gar nicht mehr als Hindernis für ein glückliches Leben wahrnehmen. Ich spreche absichtlich von unbewusst lebenden Menschen, da niemand, der bei vollem Bewusst-SEIN ist, solch disharmonische Umstände auf der Welt erschaffen hätte. Im Anschluss an die verschiedenen Ego-Kreationen in unserem Gesellschaftssystem widmen wir uns mehreren Methoden, welche das Ego auflösen. Nur wenn wir das Ego-System hinter uns lassen, nicht länger nach Ego-Richtlinien leben und das Ego-Weltbild in uns haben, können wir ein glückliches Leben in einer glücklichen Welt erschaffen.

Das Gefährliche an der Ego-Bildung ist, dass dieser Prozess schleichend und von uns unbemerkt erfolgt. Die meisten Menschen sind fest davon überzeugt, dass sie ihr eigener Herr sind, doch sie irren sich. Wir Menschen haben eine solch gewaltige Macht in uns und nutzen sie nicht. Und warum? Weil die meisten von uns sich nicht einmal darüber bewusst sind, dass wir sie haben. Das Ego tut alles, um uns durch seine Spielregeln daran zu hindern, ein volles Bewusstsein zu erlangen. Die meisten Anforderungen, die von Staat und Gesellschaft an die einzelnen Menschen gestellt werden, beziehen sich auf Egofunktionen, so dass das Ego im Alltag omnipräsent ist. Natürlich sagt uns das Ego-System, dass es keine Alternativen gibt zum jetzigen System und dass alles nur zu unserem Besten ist. Lasse Dir kein X für ein U vormachen, sondern messe das derzeitige System einfach an Deinem Glücksempfinden.

In den folgenden Kapiteln nehmen wir u. A. unter die Lupe, wie verschiedene Einflüsse wie Medien, Politik, Religion und andere das Ego ungemein stärken und ihm als Nahrungsquelle dienen. Erst, wenn wir das Schädliche an diesen Einflüssen erkennen, ist eine Neuausrichtung des Lebens auf Glück und Bewusstheit möglich.

Ich werde Dir jetzt einen kurzen Auszug aus einer höchst denkwürdigen Rede präsentieren, die uns das Gesellschaftssystem des Egos sehr anschaulich beschreibt. Gesprochen hat die nachfolgenden Worte der US-amerikanische Schauspieler George Carlin anlässlich des Todes seiner Frau.

Das Paradox unserer Zeit ist: wir haben hohe Gebäude, aber eine niedrige Toleranz, breite Autobahnen, aber enge Ansichten. Wir verbrauchen mehr, aber haben weniger, machen mehr Einkäufe, aber haben weniger Freude. Wir haben größere Häuser, aber kleinere Familien, mehr Bequemlichkeit, aber weniger Zeit, mehr Ausbildung, aber weniger Vernunft, mehr Kenntnisse, aber weniger Hausverstand, mehr Experten, aber auch mehr Probleme, mehr Medizin, aber weniger Gesundheit. Wir rauchen zu stark, wir trinken zu viel, wir geben verantwortungslos viel aus; **wir lachen zu wenig**, fahren zu schnell, regen uns zu schnell auf, gehen zu spät schlafen, stehen zu müde auf; wir lesen zu wenig, sehen zu viel fern, beten zu selten. Wir haben unseren **Besitz vervielfacht**, aber unsere **Werte reduziert**. Wir sprechen zu viel, wir lieben zu selten und wir hassen zu oft. Wir wissen, wie man seinen Lebensunterhalt verdient, aber nicht mehr, wie man lebt. Wir haben dem Leben Jahre hinzugefügt, aber nicht den Jahren Leben. Wir kommen zum Mond, aber nicht mehr an die Tür des Nachbarn. Wir haben den Weltraum erobert, aber nicht den Raum in uns. Wir machen größere Dinge, aber nicht bessere. Wir haben die Luft gereinigt, aber die Seelen verschmutzt. Wir können Atome spalten, aber nicht unsere Vorurteile. Wir schreiben mehr, aber wissen weniger, wir planen mehr, aber erreichen weniger. Wir haben gelernt schnell zu sein, aber **wir können nicht warten**. Wir machen neue Computer, die mehr Informationen speichern und eine Unmenge Kopien produzieren, aber wir verkehren weniger miteinander. Es ist die Zeit des schnellen Essens und der schlechten Verdauung, der großen Männer und der kleinkarierten Seelen, der leichten Profite und der schwierigen Beziehungen. Es ist die Zeit des größeren Familieneinkommens und der Scheidungen, der schöneren Häuser und des zerstörten Zuhause. Es ist die Zeit der schnellen Reisen, der Wegwerfwindeln und der Wegwerfmoral, der Beziehungen für eine Nacht und des Übergewichts. Es ist die Zeit der Pillen, die alles können: sie erregen uns, sie beruhigen uns, sie töten uns. Es ist die Zeit, in der es wichtiger ist, etwas im Schaufenster zu haben statt im Laden, wo moderne Technik einen Text wie diesen in Windeseile in die ganze Welt tragen kann, und wo sie die Wahl haben: das Leben ändern - oder den Text löschen. **Vergesst nicht**, mehr Zeit denen zu schenken, die Ihr liebt, weil sie nicht immer mit Euch sein werden. Sagt ein gutes Wort denen, die Euch jetzt voll Begeisterung von unten her anschauen, weil diese kleinen Geschöpfe bald erwachsen werden und nicht mehr bei Euch sein werden. Schenkt dem Menschen neben Euch eine heiße Umarmung, denn sie ist der einzige Schatz, der von Eurem Herzen kommt und Euch nichts kostet. Sagt dem geliebten Menschen: „Ich liebe Dich" und meint es auch so. Ein Kuss und eine Umarmung, die von Herzen kommen, können alles Böse wiedergutmachen. Geht Hand in Hand und schätzt die Augenblicke, wo Ihr zusammen seid, denn eines Tages wird dieser Mensch nicht mehr neben Euch sein. **Findet Zeit Euch zu lieben, findet Zeit miteinander zu sprechen, findet Zeit, alles was Ihr zu sagen habt,**

miteinander zu teilen, - denn das Leben wird nicht gemessen an der Anzahl der Atemzüge, sondern an der Anzahl der Augenblicke, die uns des Atems berauben.

Harter Tobak, was? Aber das ist die Wahrheit oft. Hart ist sie nur für jene, die sie nicht hören wollen. Oft gaukelt man sich selbst etwas vor, weil man sich einfach nicht traut, der unangenehmen Wahrheit ins Gesicht zu blicken. Stell Dir vor Dein Partner / Deine Partnerin geht fremd. Du weißt es ganz genau, hast sogar eindeutige Beweise (z.B. in Form von Fotos oder Videos), aber Du willst es nicht wahrhaben, weil Dir dieser Gedanke nicht in den Kram passt. So ähnlich verhalten sich unzählige Menschen im Hinblick auf unser Gesellschaftssystem. Sie verschließen ihre Augen, ihre Ohren und ihren Mund. Sie ziehen es vor, mit einer Lüge zu leben. Aber will ich mein Leben auf dieser Welt wirklich zum Positiven verändern, dann schmerzt es mich auch nicht zu erkennen, in was für einer Ego-Welt ich lebe, was man daran ändern kann und was ich bislang versäumt habe. Verdrängen wir nicht die Tatsache, dass wir durch das Gesetz der Anziehung immer das serviert bekommen, was wir selbst geschaffen haben, wie z.B. ein Gesellschaftssystem, in dem man das Glück mit der Lupe suchen muss. Wie man sich bettet, so liegt man eben, das ist ein universales Gesetz. Unsere Gesellschaft und die ganze Welt sind das Produkt unseres Inneren. Und da unser Inneres nicht frei, sondern zum größten Teil egobehaftet ist, entstehen verschiedene Ego-Kreationen, die uns das Leben unnötig schwer machen und unsere Schwingung derart beeinflussen, dass sie uns nur Kummer beschert. Da wäre zum Beispiel...

DIE EGO-KREATION: RELIGION

Um die Vorgehensweise des Egos zu erkennen, betrachten wir uns hier einmal die vom Ego geschaffene Kreation namens Religion, die eine der Hauptstützen im derzeitigen Gesellschaftssystem ist.

Das Ego hat den Menschen durch die Religion Unmengen von Unwahrheiten über Gott und uns Menschen erzählt. Den Menschen beispielsweise die Sünde in die Köpfe einzutrichtern hat einen besonderen Ego-Hintergedanken. Wenn Menschen gesündigt haben, heißt das automatisch, dass man schuldig ist. Und jeder, der schuldig ist, muss bestraft werden. Wer denkt, er wird bestraft, der hat Angst. Und wer Angst hat, erzeugt eine disharmonische Schwingung und kann nicht Glück und Zufriedenheit manifestieren. Das Ego will insgeheim, dass Du Dich schuldig fühlst, denn ohne Sünde, Schuld und Angst vor Strafe würdest Du bewusster werden, und je bewusster Du wirst, desto mehr löst sich das Ego auf.

Jede organisierte Religion ist bei Licht gesehen reine Politik, mit einem Oberhaupt, unendlich vielen Vorschriften und Strafe bei Missachtung dieser Vorschriften. Kein Mensch bedarf einer Religion. Jeder Mensch wird ohne Religion geboren, also wozu sich einer Gruppe anschließen, die den Glauben kontrolliert?

Die meisten priestergesteuerten Religionen sehen sich als Vertreter einer höheren Macht an und schreiben der restlichen Menschheit gerne vor, wie man zu leben hat, was richtig und was falsch ist. Sie versuchen den Menschen seit Jahrtausenden einzutrichtern, dass sie sich das Gute erst einmal verdienen und bedingungslos gehorsam sein müssen. Wie? Indem sie die Vorschriften, Kommandos und Befehle der dogmatisch eingestellten priestergesteuerten Religionen artig befolgen und alles tun, was man von ihnen verlangt. Hier zeigt sich wieder die Vorliebe des Egos, die Menschen voneinander zu trennen und Angst zu produzieren. Das hat in der Vergangenheit gut geklappt. Das Ego sagt uns durch die Religion, dass wir mit der Erbsünde geboren wurden, also schon voller „Schuld" auf die Welt gekommen sind und deshalb demütig sein sollen. Deshalb sollen wir vor unserem Gott, der irgendwo im Außen zu suchen ist, ehrfürchtig auf die Knie fallen. Tun wir das, was die angeblichen, weltlichen Vertreter unseres Gottes von uns verlangen, werden wir belohnt (Ticket in den Himmel), widersetzen wir uns ihren Lehren, werden wir bestraft (Ticket in die Hölle) – es ist immer dasselbe, altbekannte „Strafe-/Belohnungs-Spiel. Haben wir uns also gehorsam und artig verhalten in unserem Leben, dann dürfen wir in den Himmel und glücklich sein. Das Gute kommt also erst nach unserem Leben, nämlich im Paradies, und wir müssen uns das Recht darauf erst verdienen. Warum so kompliziert? Glücklich können wir doch auch sofort sein, genau hier und jetzt, und zwar ohne EGO und seine Kreationen.

Wie schon erwähnt: wir sollen uns, wenn es nach dem Ego geht, erst als würdig genug erweisen und das Ego nimmt sich durch die Religionen seit über Jahrtausenden das Recht heraus, darüber zu urteilen. Wie soll eine Einheit bestehen, wenn sich jemand über Andere erhebt und sich anmaßt über sie zu urteilen??? Dies ist keine Einheit, sondern eine Trennung, eine Teilung, eine typische Ego-Handlung.

Die Religion sorgt auch dafür, die eigene Intuition zu vernachlässigen. Wie hätte wohl die christliche Kirche im Mittelalter reagiert, wenn jemand gesagt hätte, dass er mit seiner Intuition, seiner inneren Stimme gesprochen hat? Er wäre beschuldigt worden, dass er mit dem Teufel in Kontakt steht. Und das war damals praktisch ein Todesurteil. Hunderttausende Menschen (die Dunkelziffer liegt wahrscheinlich viel höher) sind damals der Inquisition zum Opfer gefallen. Wenn jedoch ein Priester gesagt hätte, er hätte eine Stimme gehört, die zu ihm spricht, so gäbe es keine bedrohlichen Konsequenzen, weil man in diesem Fall gesagt hätte, dass es sich dabei um die Stimme Gottes oder doch zumindest um die Stimme eines Engels handelt. Doch angesichts der Barbareien und Morde im Namen der Kirche in den letzten zwei Jahrtausenden kann es sich dabei wohl nur um die Stimme des Egos gehandelt haben. Denn wer glaubt wirklich, dass es einen Gott gibt, der das Abschlachten von andersdenkenden Menschen in Auftrag gibt?

„Leidet ein Mensch an einer Wahnvorstellung, so nennt man es Geisteskrankheit. Leiden viele Menschen an einer Wahnvorstellung, so nennt man es Religion." (Robert M. Pirsig)

Die Hölle ist nicht irgendwo unten, und der Himmel ist nicht irgendwo oben. Himmel und Hölle sind in uns und zwar in Form von positiven und negativen Gedanken und Gefühlen. Und je nachdem wie wir leben, erleben wir das eine oder andere.

Wenn man zwei Fußballteams sieht, die sich kurz vor dem Spiel bekreuzigen oder auf andere Art und Weise zu „ihrem" Gott sprechen, er möge ihnen den Sieg schenken, dann stellt man fest, dass auch dies eine egobehaftete Vorstellung von Gott ist. Nämlich die Idee von einem Gott, der die einen Menschen den anderen Menschen bevorzugt. Schon wieder das Denken der Trennung (mich hat Gott lieber als die anderen).

Man kann nur dann die erforderlichen Wunschschwingung an ein glückliches Leben, in denen unsere Wünsche erfüllt werden, aufbauen, indem man frei von Angst, Druck und Schuldgefühlen ist. Nur wenn man sich von diesen psychologischen Fesseln befreit hat, ist man wirklich frei, sein Leben glücklich, selbstbestimmt und ungestört zu gestalten. Wir brauchen keinen „Hirten", der uns führt. Unser innerer Kompass ist Führung genug.

Es geht darum zu sich selbst zu finden. Stattdessen führen die Religionen die Menschen aber immer weiter weg von sich (dabei bedeutet das Wort „Religion", ebenso wie auch die Bezeichnung „Yoga": „Zurück zum Ursprung" oder „Wiedervereinigung mit der Quelle"). Wenn Religionen überhaupt eine Aufgabe hätten, dann die, den Menschen darin zu helfen, ihren inneren Frieden zu finden. Sobald man seinen inneren Frieden aber gefunden hat, braucht man keine Glaubensgemeinschaft mehr.

„Der Wilde kniet vor Götzenbildern aus Holz und Stein, der Zivilisierte vor solchen aus Fleisch und Blut." (George B. Shaw)

„Um ein tadelloses Mitglied einer Schafsherde zu sein, muss man vor allem eins sein: ein Schaf." (Albert Einstein)

Die gläubigen Schäfchen werden abgefüllt mir sinnlosen Riten und dem sogenannten Messias-Faktor, der sie zu passiven Menschen macht, da der Messias sich schon um alles kümmern wird. Hier fördert das Ego also die Passivität, dem Gegenteil einer bewussten, aktiven Lebensweise. Übrigens bedeutet das Wort „Sünde" im Altgriechischen, in der das Neue Testament verfasst wurde, „daneben treffen". Im übertragenen Sinne bedeutet das, am Sinn des Lebens vorbei gehen, ihn nicht erkennen, da man einem Ego-System auf den Leim gegangen ist. Wenn man aber seinen Lebenssinn nicht lebt, dann produziert das unweigerlich ein unglückliches Da-Sein.

Bewusste Menschen haben keinerlei Verwendung für selbsternannte Gottesvertreter, die es als Hauptaufgabe ansehen, ihre Mitmenschen mit Schuldgefühlen, subtilen Ängsten, widerlegbaren, dogmatischen Ansichten sowie der Angst vor dem jüngsten Gericht zu überhäufen.

Du, geschätzter Leser, bist ein Teil des universalen, göttlichen Bewusstseins und somit immerwährend mit ihm verbunden. In eine Kirche oder in einen Tempel zu gehen ist also nicht erforderlich, um diese Verbindung herzustellen, sie ist auch ohne Steingebäude IMMER präsent. Du benötigst keine elitären Ego-Menschen in Priestergewändern und mit strengen Blicken, die Dir vorschreiben, was Du in Deinem Leben tun darfst und was nicht.

„Ich habe kein Problem mit Gott, aber ich mag das Bodenpersonal nicht." (unbekannt)

Es gibt übrigens zahlreiche Bibelforscher, die zu dem Schluss gekommen sind, dass Jesus nur ein Fünftel von dem sagte, was im Neuen Testament angeblich von ihm stammt. Es ist bedauerlich, wenn man sieht, wie unbewusst lebende Ego-Menschen die Informationen der Weltlehrer falsch deuteten und daraus Religionen ins Leben riefen, die die Menschen noch mehr trennen, anstatt sie zu vereinen. Das Typische an den Religionen ist, dass sie den alleinigen Wahrheitsanspruch bei sich sehen und allen anderen vorwerfen, den falschen Weg zu gehen. Vor einigen Jahrhunderten war das bei uns noch ein Grund, Andersgläubige abzuschlachten. Im Namen der Religionen wurden zahllose Kriege geführt und ebenso zahllose Menschen ermordet. Um das Ego abzulegen, bedarf es einer tiefen Spiritualität. Halte Dir immer vor Augen: Spiritualität ist nicht gleich Religion. Nur weil ich vollkommen an etwas Bestimmtes glaube, bin ich deswegen noch lange nicht spirituell. Auch ein Selbstmordattentäter glaubt an etwas, z.B. an einen heiligen Krieg oder ein Paradies nach dem leiblichen Tod. Je mehr wir uns an eine bestimmte Religion klammern, desto „unspiritueller" werden wir. Für mich gibt es nur eine spirituelle und EGO-freie Religion, die gut für das göttliche Bewusstsein in uns ist, nämlich die „Religion" der LIEBE. Liebe zu mir selbst und Liebe zur ganzen Welt. Nur mit einer liebevollen Schwingung, frei von religiösen Trennungen, können wir glücklich schwingen und das Gesetz der Anziehung für mehr Glück einsetzen.

Wir bedürfen keiner Erlösung, denn so etwas wie die Sünde gibt es nicht, gab es nie und wird es niemals geben. Die Sünde ist ein Phantasieprodukt, welches vom Ego als Machtinstrument gebraucht wird, andere Menschen zu knechten und sie disharmonisch schwingen zu lassen. Besonders hinterhältig war früher z.B. die Ego-Strategie, Sex zur Sünde zu erklären. Sex ist ein normales menschliches Bedürfnis, ebenso wie essen und trinken, und je mehr man etwas unterdrückt, desto mehr wird es zur Besessenheit. Und wenn man dann doch Sex hat, fühlt man sich schuldig und wundert sich, dass man keine glücklich machenden Wunschmanifestationen hinbekommt. Und die Vorstellung eines strafenden Gottes ist einfach nur absurd. Nur das Ego bestraft. Gott liebt. Wir selbst entstammen der göttlichen Quelle und haben deshalb alle den freien Willen. Wir können uns entscheiden, ob wir in die göttliche Quelle zurück wollen. Dies will das Ego verhindern und erfindet deshalb Geschichten eines grausamen Gottes, der die Menschheit bestraft, damit niemand zu ihm bzw. zu sich selbst zurückfindet.

Ist Dir schon einmal aufgefallen, dass das Gute auf der Welt nie in Form einer Organisation kam? Jesus, Buddha, St. Germain und viele andere waren immer Einzelpersonen. Sie mögen zwar eine Anhängerschaft gehabt haben, aber diese schloss sich freiwillig zusammen. Es gab keine Regeln, Vorschriften und Richtlinien, stattdessen folgte man freiwillig einer Person, von der man sich die Erleuchtung erhoffte, und konnte die Gruppe jederzeit verlassen. Das zeigt deutlich, dass man sich keiner Gruppe, Sekte, Religion oder sonst einer Institution anschließen sollte, um glücklich zu werden. Das Glück ist immer eine rein innere und private Angelegenheit.

„Es ist leicht, hungernde Menschen zu bekehren, wenn man ihnen entgegenkommt mit der Bibel in der einen und einem Stück Brot in der anderen Hand." (George B. Shaw)

Kurze Zusammenfassung:
Die Ego-Kreation Religion behauptet im Besitz der allein gültigen Wahrheit zu sein und teilt die Welt in Gläubige und Ungläubige. Diese Trennung blockiert unsere positiven Wunscherfüllungen, denn sie erschafft Disharmonie. Wer den Wahrheitsanspruch gewisser Religionen in früheren Jahrhunderten abstritt, wurde dafür nicht selten gejagt und getötet. Das Typische an dieser Ego-Handlung ist, dass das Töten durch einen guten Zweck gerechtfertigt wurde. Wir befinden uns hier in einer Ego-Kreation, die höchst manipulativ mittels Konditionierungen auf allen möglichen Ebenen den Menschen in eine bestimmte Richtung gleichschalten will. Was das Fach „Mitgefühl und Liebe" angeht, hat die Religion das Klassenziel also klar verfehlt. Halte Dir stets vor Augen: WAS DU GLAUBST, IST SCHÖPFERISCH UND DEINE PRIVATSACHE, NICHT DIE SACHE IRGENDWELCHER INSTITUTIONEN!!! Die Religion ist ein Machtmittel des Egos, um einen dauerhaften Zustand des Gehorsams durch Angst und Schuldgefühle, und dem daraus resultierenden Selbsthass aufrecht zu erhalten. In diesem Zustand ist es kaum möglich, den Wunsch nach einem glücklichen Leben zu manifestieren.

Verinnerlichen wir uns: Lösen wir das Ego auf, ist unsere Schwingung frei und alles Disharmonische in der „Außenwelt" verschwindet.

DIE EGO-KREATION: SCHULE

„Denken lernen: Man hat auf unseren Schulen keinen Begriff mehr davon." (Friedrich Nietzsche)

„Schulen formen den Charakter, indem sie die Kanten abschleifen. Doch nicht Charakter, sondern Formlosigkeit war das Ergebnis." (Graham Greene)

Was haben Schulen mit unserer Schwingung zu tun? Eine ganze Menge, wie wir gleich sehen werden. In den Schulen des Ego-Systems beginnen der Lebensstress, die Desinformation und die Konditionierung. Das setzt sich fort, bis wir alt genug sind, um einen Beruf anzunehmen. Eigene geistige Bilder sind natürlich die Grundvoraussetzung für bewusstes Manifestieren, ohne sie geht nichts. Angeblich sollen wir in der Schule Bildung erlangen. Von Bildung kann jedoch keine Rede sein, denn „BILD"-ung würde bedeuten, Du kannst Dir unabhängig ein eigenes Bild machen. Das dürfen wir aber nicht, es ist in Schulen streng verboten, sich ein eigenes Bild zu machen, stattdessen wird man geprägt. Man trichtert Dir fremde Meinungs–BILDER ein, ohne Dich zu fragen, ob Du damit einverstanden bist. Dann erfolgt das altbekannte „Strafe-/Belohnungsspiel". Nimmst Du gezwungenermaßen fremde und vorbestimmte Bilder an, wirst Du mit guten Noten belohnt. Entwickelst Du liebevoll Deine eigenen Bilder, die den Bildern des Egos widersprechen, wirst Du mit schlechten Noten bestraft. Dies führt dazu, dass man nach einem Unterwürfigkeitsprinzip lebt und verlernt, nach den eigenen Prinzipien und Gefühlen zu handeln und zu leben, was sich ausgesprochen negativ im Manifestieren niederschlägt und ganz im Sinne des Egos ist. Der Sachverstand ist im Gegensatz zur Intuition nicht natürlich, er ist anerzogen und künstlich. Alles, was künstlich ist, ist unnatürlich. Erinnere Dich an die Zeit, bevor Du in die Schule kamst und an den Tag, als Du die Schule verlassen hast: Wenn Du Dich fragst, wer Du bist, wirst Du vielleicht merken, dass Du nicht mehr länger DU bist. Womöglich hast Du Deinen einzigartigen Weg während der Schulzeit verlassen und hast Dich durch die Annahme fremdbestimmter Meinungen und Ansichten schon lange von Dir selbst entfremdet. Wie viel ist von Dir noch übrig als Mensch, wie natürlich bist Du noch? Du wurdest mit vielen überflüssigen Informationen und fremden, künstlichen Meinungsbildern, was richtig und was falsch ist, vollgestopft, damit Du bald als Rädchen im Getriebe eines destruktiven und unglücklich machenden Ego-Systems für die Erhaltung dieses Systems schuften darfst, und hast dafür auf der anderen Seite viel Deiner eigenen natürlichen und fröhlichen Identität eingebüßt. Das erschwert Wunschmanifestationen in erheblichem Maße. Ein schlechter Tausch. Was glaubst Du wohl, warum die Phantasie, die Du als Kind noch hattest, nach und nach verschwunden ist? Die Schule macht Dein intuitives Wissen kaputt.

„Die Schule an sich sei der Mörder des Kindes." (Thomas Bernhard)

Natürlich bringt uns ein bestimmtes Wissen in diesem System weiter, so z.B. schreiben, lesen und rechnen. Doch es wäre bezüglich eines glücklichen Lebens in voller Bewusstheit weitaus angebrachter, wenn man in den Schulen lehren würde, wie man menschlich miteinander umgeht, wie man Bäume pflanzt und somit Leben erschafft, die Natur pflegt und mit seiner Intuition kommuniziert. Was könnte es Wichtigeres geben, was man uns beibringen sollte? Stattdessen wird im Geschichtsunterricht gelehrt, wie bestialisch der Mensch mit seinen Artgenossen umgeht und wie viele Kriege es schon gab, was dazu führt, dass man den Glaubenssatz entwickelt, die Menschheit sei schlecht und kriegerisch. Wie sich solch ein Glaubenssatz auf unsere Schwingung auswirkt, brauche ich wohl nicht näher zu erklären.

Bezeichnend für die Ego-Kreation Schule ist, so wie bei allen anderen Ego-Kreationen, die Verbreitung von Angst. Innerhalb von etwa 20 Jahren stieg die Zahl von 15jährigen Patienten, die an Angstzuständen leiden, um ca. 70%. Man fand heraus, dass es am akademischen Erfolgsdruck liegt. Druck erzeugen ist eine der Kernaktivitäten des Ego. Von Anfang an bringt man uns lächerlicher Weise bei, dass wir uns beweisen müssen, da wir sonst nichts wert seien. Man impft uns ein, dass wir einem Ideal entsprechend leben sollen, welches uns andere vorsetzen. Auf diese Weise entsteht angstmachender Druck und durch ihn verlernen junge Menschen irgendwann zu lachen, da das Ego unter keinen Umständen glückliche Menschen duldet. Wo aber keine lachenden Menschen sind, da kann es auch keine glücklichen Lebensumstände geben.

Die Verbindung zum höheren Selbst wird meistens in der Schulzeit gekappt. Meistens hören wir deshalb nicht auf intuitive Impulse, auf Eingebungen und Einfälle, weil der systemgeprägte Verstand sich einmischt und ein intuitives Leben blockiert. Ab da ist es vorbei mit der ungebremsten Lebensenergie und Freude, mit der man alles so gemacht hat, wie man es als Kind bis dahin immer gemacht hat. Die linke Gehirnhälfte ist die logische und rationale Hälfte unseres Gehirns. Sie wird vom Schulsystem stark gefördert. Die rechte Gehirnhälfte, welche für Kunst, Kreativität und intuitives Denken zuständig ist, wird sträflich vernachlässigt. Diejenigen, die in unserem Gesellschaftssystem "Karriere" machen, sind also vorwiegend Menschen, die fast nur ihre linke Gehirnhälfte einsetzen und vom höheren Selbst getrennt sind.

„Willst Du etwas wissen, so frage einen Erfahrenen und keinen Gelehrten." (Chinesisches Sprichwort)

„Bildung ist eine wunderbare Sache, vorausgesetzt man bedenkt stets, dass einem das wirklich Wertvolle nicht beigebracht werden kann." (Oscar Wilde)

„Für mich gibt es Wichtigeres im Leben als die Schule." (Mark Twain)

„Nicht für das Leben, sondern für die Schule lernen wir." (Seneca)

„Bildung und Wissen kann man kaufen, Weisheit nicht." (Esther Vilar)

Das angeblich vom System so hoch gebildete Bildungsgenie kennt keine universalen Gesetze wie das Gesetz der Anziehung und weiß nichts vom höheren Selbst, es ahnt nichts von dem menschlichen Schwingungsfeld, dem universalen Bewusstsein oder den Dimensionen. So ein Mensch weiß vom Leben NICHTS, er weiß von der Schaffung des persönlichen Glücks NICHTS, er weiß von der Nutzung seines wahren Potenzials NICHTS, er ist absolut unaufgeklärt. Da er von all dem nichts weiß, sucht er auch nicht danach. Dafür ist der Bildungsmensch von heute voll gefüllt mit allerlei Zahlen, kalten

Formeln und für sein Glück unnützem Systemdenken, welches ihm sagt, dass es so etwas Albernes wie den Zufall gibt. Er bewegt sich weiterhin in den vom Ego geschaffenen Manipulationsbahnen und fristet ein „denkunfreies" Dasein, welches ihn nie ausfüllen kann. Das System lehrt uns alles, nur nicht das, was richtig ist und uns glücklich macht. Das System lehrt das Gegenteil. Der Beweis? Starte einfach eine Umfrage und frage die Leute in Deinem Umfeld, ob sie wirklich glücklich und zufrieden sind.

„Überall im Multiversum denken die Leute, Universitäten seien dazu da, Wissen zu vermitteln. In Wirklichkeit handelt es sich um Speicher, was offensichtlich wird, wenn man sich vor Augen hält, das jungen Menschen an die Uni kommen in der Überzeugung, alles zu wissen und im Bewusstsein abgehen, fast gar nichts zu wissen. Wo ist das ganze Wissen geblieben? In der Universität, wo es getrocknet und säuberlich gelagert wird." (Pratchett)

Sich Wissen gefühlskalt aneignen ist der falsche Weg zu einem glücklichen und bewussten Leben, denn ohne sich zu öffnen und ohne liebevolles Fühlen ist man nur ein programmierter Unwissender, der sich auf einem bestimmten Gebiet „spezialisiert" hat, aber die Gesamtzusammenhänge des Lebens nicht versteht.

„Das Einzige, das meinem Wissen im Wege steht, ist meine Schulbildung." (Albert Einstein)

Wissen ist Macht, sagt man. Aber welches Wissen ist damit gemeint? Das Wissen, wie man an der Börse gewinnbringend sein Geld investiert, seine Steuererklärung macht oder in der Schule starre Formeln auswendig lernt, sie quasi wie ein Videorecorder aufnimmt und sie dann bei der Prüfung mit der PLAY-Taste im Kopf abspielt? All das bringt Dich in Sachen Glück nicht wirklich weiter. Wahres Wissen erkennt man daran, dass es einen glücklich macht. Das Wissen, wie man sich ein glückliches Leben gestaltet, ist das einzig wahre Wissen, denn nur darauf kommt es im Leben an. Sich selbst glücklich machen befindet sich immer in Einklang mit einer höheren Wahrheit.

„Ein schwacher Verstand ist wie ein Mikroskop, das Kleinigkeiten

vergrößert und große Dinge nicht erfasst." (unbekannt)

Kurze Zusammenfassung:
Das Bildungswesen des Ego-Systems zeigt uns deutlich: wir sollen nicht nach unseren Vorstellungen denken, sondern nach den vorgegebenen Vorstellungen und Richtlinien des Egos. Das System des Egos sagt uns Menschen von frühester Kindheit an, was richtig und was falsch ist. Hat der Mensch innerhalb des Ego-Systems jemals die Freiheit, eigene Entscheidungen zu treffen? Hat es jemals die Freiheit, die ihm beigebrachten Vorschriften zu überprüfen? Nein. Wie kann aufgrund dieser Tatsache noch von einer freien Gesellschaft gesprochen werden? Es handelt sich um ein gnadenloses Kontrollsystem. Dem Ego gefällt die im System fest installierte Art der „Bildungskonkurrenz" untereinander, will es doch allen anderen überlegen sein. Lange Rede, kurzer Sinn: wer innerlich nicht frei ist, wer keine eigenen inneren Bilder erschafft und stattdessen fremde Weltbilder hat, der erschafft sich nicht das Leben, welches er wirklich will.

Verinnerlichen wir uns: Lösen wir das Ego auf, ist unsere Schwingung frei und alles Disharmonische in der „Außenwelt" verschwindet.

Um eine noch viel mächtigere Methode der Beeinflussung unseres Bewusstseins kennen zu lernen, müssen wir hier den Bereich „Schule und BILDungswesen" verlassen und werfen einen kritischen Blick auf...

DIE EGO-KREATION: MEDIEN

Sehen wir uns einmal konkret an, ob die heutigen Medien für unsere Wunschschwingung förderlich sind oder ob sie vornehmlich unserem Ego von Nutzen sind.

Ich habe drei Wochen lang die Hauptschlagzeilen mehrerer Online-Nachrichtenquellen analysiert. Es gab keinen einzigen Tag ohne eines der folgenden Wörter: Strafe, Rache, neidisch, Neiddebatte, Steuer, Wut, Hass, Terror, Tod, tödlich, töten, Fiasko, Chaos, Explosion, Opfer, abgestürzt, Trauer, Leichen, Lüge, Vergewaltigung, Anklage, Erpressung, Betrug, erschossen, abgeschossen, Krise, gequält, Zusammenbruch, Schock, Seuche, Inflation, Zusammenbruch des Rentensystems, Zwang, Entführung, Misstrauen, grausam, Unglück, Verdacht, Urteil, verurteilt, Hinrichtung, Giftspritze, Missbrauch, hintergangen, Folter, schrecklich, Abzocke, Feind, Mord, gefährlich, Angst, Panik, Überfall, Bankraub, Klimakollaps, Viren, globaler Wirtschaftscrash, Bankrott der medizinischen Versorgung. kein Geld für Benzin und Heizöl, randalierende Hooligans, Selbstmordattentäter, Schwindler, Albtraum, Krankheit, Unfall, verblutet, teuflisch, furchterregend, geschmacklos, eklig, ekelhaft.

Dagegen kamen nur an drei Tagen die folgende Wörter vor: Liebe, Versöhnung, Glück. Würden sich die Medien in Gestalt eines Menschen personifizieren, müsste dieser Mensch sich seine schmutzige Phantasie mit viel Seife abwaschen.

Auch Video- und Computerspiele richten unsere Aufmerksamkeit vornehmlich auf Kampf und allerbrutalste Gewaltdarstellungen, ′bei denen eine Steigerung kaum vorstellbar ist.

Das Ego will das freie Denken abschaffen und es mit Angst ersetzen. Zum Wohle dieser Ego-Agenda (Disharmonie produzieren) bombardieren uns die Ego-Medien schon seit langem mit Bildern und Worten, die pure Angst erzeugen und keine Liebe in sich haben, so dass alle, die diese Bilder konsumieren, geistig und emotional immer mehr abstumpfen, immer weniger Mitgefühl und Liebe in sich haben. In der Ego-Kreation "Medien" wird selten gelobt, dafür viel kritisiert, wenig

Liebe gezeigt, dafür sehr viel Hass, wenig Frieden ausgeübt, dafür viel Krieg. Neuer Kalter Krieg, Ozonloch, Terrororganisationen, geht uns das Erdöl aus, stürzt ein Meteor auf die Erde, gibt es Wasser- und Nahrungsknappheit, angebliche Klimaerwärmung, Vogelgrippe, Schweinegrippe, BSE usw. Alles genau so ausgerichtet, um uns zu schocken, zu ängstigen und Hass zu erzeugen. Die Welt, wie sie in den Medien gezeigt wird, ist pure Disharmonie. Die Wirtschaftsseiten in den Zeitungen erinnern an Kriegsberichte, ebenso Sportveranstaltungen und politische Debatten. All das erzeugt Angst und durch Deine Angst machst Du all diese Horrorszenarien wahr, weil Du schöpferisch veranlagt bist. Die Angst machenden Bilder der Medien formen JEDEN Menschen, der diese Bilder konsumiert, und seine Grundschwingung geht automatisch in eine niedrige Schwingung.

„Man kann Menschen verschiedenste Glaubenssätze einpflanzen, wenn man die Hirnfunktion durch zufällig oder vorsätzlich erzeugte Angst, Wut oder Aufregung stört. Häufig äußert sich eine solche Störung durch ein vorübergehend beeinträchtigtes Urteilsvermögen und eine erhöhte Berechenbarkeit. Die Erscheinungsbilder, die eine solche Störung bei Gruppen hervorruft, werden manchmal unter dem Begriff ‚Herdentrieb' zusammengefasst und treten am auffälligsten während eines Krieges, schwerer Seuchen oder vergleichbarer Situationen allgemeiner Gefahr auf, die verstärkt zu Angst und somit zu erhöhter Beeinflussbarkeit führen." (Dr. William Sargant, Tavistock Group)

Das spricht eine deutliche Sprache.

In unserer Aura und unserer DNA werden alle Informationen aus der Außenwelt abgespeichert. Disharmonische Informationen, wie sie in den Medien enthalten sind, führen zu Energieverlusten in unserer Aura und es kommt zu Blockaden innerhalb unserer Lebensenergie. All das ist unserer Gesundheit abträglich. Alle Blockaden werden durch die Replikation der DNA reproduziert und können dadurch sehr langlebig sein. Und alle geistigen Bilder in uns werden früher oder später zu einem Teil unseres Lebens, da wir sie täglich unbewusst stundenlang aussenden. Selbst dann, wenn sie nicht der Wahrheit entsprechen. Was aber ist wahr, was ist wirklich? Alles, was man für wahr und wirklich hält!!! Denn wir erschaffen unsere Realität selbst - und die Ego-Medien programmieren uns so, dass wir eine Horror-Realität erschaffen. Das Weltbild der meisten Menschen ist ohnehin eine Ausgeburt der Medien.

Heute hat ein zivilisierter Mensch bis zu seinem 18. Lebensjahr mehr als 100.000 Gewalttaten im Fernsehen gesehen. Die belastete und verschmutzte Psyche eines solchen Menschen lässt sich keinesfalls mit der Psyche eines Menschen vergleichen, der noch nie zuvor ferngesehen hat. Fragen wir uns doch einmal ernsthaft, welchen Zweck die Medien heutzutage haben. Sollen sie uns informieren oder sollen sie uns in eine bestimmte Form (der Angst) bringen? Sie verbreiten und verkaufen keine Nachrichten, sondern primär negative Gefühle wie Angst, Wut und Ekel. Alles Nahrung für das Ego. Und alles, worauf wir unsere Aufmerksamkeit (Energie) lenken, wird laut dem kosmischen Gesetz der Anziehung immer größer und mächtiger. Das Perfide an dieser "Strategie" des Egos ist, dass unsere eigenen Schöpferkräfte dazu missbraucht werden, das zu erschaffen, was wir alle nicht wollen, was uns unglücklich macht

Das wirklich Wichtige (z.B. das Wissen um das Gesetz der Anziehung) wird uns über die Medien natürlich nicht mitgeteilt. Das Ego hält uns unwissend, erzählt uns aber zugleich, wir seien im sogenannten „Informationszeitalter". Der pädagogische Gehalt der Medien ist praktisch nicht-existent, da auf jedes positive Bild 1000 negative Bilder folgen. Mit Nachfrage und Angebot hat das nicht im Entferntesten etwas zu tun. Anstatt die Angst aus den menschlichen Leben komplett aufzulösen, wird sie von dem System vermarktet: in Filmen, in Nachrichten, in bestimmten Liedern, in der Politik, in der Wirtschaft - überall. Und all das wird rund um die Uhr im Fernsehen gesendet und in den Zeitungen gedruckt. Angst erzeugt Sorgen, Kummer, Wut, Depressionen, Trauer, Krankheiten, eine niedrige Grundschwingung, Verzweiflung und noch viel mehr Unglück. Solange man bereitwillig Angst aufnimmt, durch die Nachrichten, Filme und Medien, und für seine Angst auch noch Geld bezahlt, bleibt man eine Marionette des Egos.

Vergessen wir nicht, welch höherer Sinn hier verfolgt wird. Je mehr

Angst die Menschen haben, desto mehr Nahrung hat das Ego. Und je mehr Nahrung das Ego hat, desto länger bleibt es am Leben. Ängstigen Dich die Nachrichten im Fernsehen? Warum siehst Du Dir etwas an, was Dir immens schadet? Mach es der Angst nicht so leicht, schalt die Beeinflussungsmaschine aus oder verkauf sie gleich. Wer zwingt Dich Dir brutale Horrorszenen, Morde, Vergewaltigungen, Schießereien, Entführungen, Monster, Hungersnöte, Naturkatastrophen und Leichen im Fernsehen anzusehen? All das leitet eine Metamorphose von Glück zu Unglück, von Liebe zu Angst und von Licht zu Dunkelheit ein. Genau so, wie es das Ego vorgesehen hat. Mach bei diesem kranken Ego-Plan nicht mit, denn er ist die Basis für ein unglückliches und krisenbehaftetes Leben.

„Man sieht nur noch Trallala und Dingsbums und Wetten-Shows und Rate-Shows und Schubidu. Man kann es auch so sagen: das Fernsehen verachtet den Zuschauer." (Siegfried Lowitz)

Welchen Genuss könnte ein friedliebender Mensch darin haben, sich einen Film anzuschauen, in dem ein Mensch einen anderen Menschen ermordet, und das dann als „Entertainment" bezeichnen? Keinen!!! Das Ego aber schon, denn es schaut sich den Film nicht nur an, es spielt selbst darin mit. Es genießt die Emotionen der Anspannung. Das Ego braucht die Identifikation, da es nur eine Einbildung ist, ein Irrwahn, eine Illusion. Da es selbst nur eine Illusion ist, erzeugt es eine Scheinwelt, eine vorgetäuschte Realität, ein falsches Abbild der Menschheit.

Das Fernsehen ist das mächtigste Ego-Beeinflussungswerkzeug in der Menschheitsgeschichte, das aus uns allen Zuschauer macht und uns oft Unwahrheiten erzählt, damit man weiterhin unbewusst bleibt. Es zeigt uns alles Mögliche aus der Welt: Kriege, die Welt der Prominenz und Shows aller Art. Wir sitzen da und beobachten andere Menschen bei dem, was sie tun. Da wir alles mitbekommen wollen, kommen wir aber kaum dazu, selbst aktiv zu werden und etwas zu tun, z.B. für unser Lebensglück. Wir leben unser Leben nicht aktiv, sondern passiv, wir werden dazu erzogen, uns träge und passiv zu verhalten. Das Fernsehen bietet uns Fragen und serviert uns gleichzeitig Antworten. Dadurch wird man Tag für Tag, Woche für Woche,

Monat für Monat immer fauler selbst zu denken, zu hinterfragen, sich eine eigene Meinung zu bilden. Man nimmt immer mehr das an, was im Fernsehen gesagt wird. So erlangt man aber weder ein volles Bewusstsein, noch ein glückliches Leben.

„Das Fernsehen macht aus dem Kreis der Familie einen Halbkreis." (Rolf Haller)

„Das Fernsehen unterhält die Leute, indem es verhindert, dass sie sich miteinander unterhalten." (Sigmund Graff)

„Die Menschen verlernen, sich mit sich selbst zu beschäftigen." (Horst Opaschowski)

„Die Erfindung des Fernsehens war das revolutionärste Ereignis unseres Jahrhunderts. Es stand an Bedeutung weder der Entdeckung des Schießpulvers noch der Erfindung der Druckerpresse nach, die das Leben der Menschen auf Jahrhunderte hinaus veränderten. Das Fernsehen bewirkte, dass Menschen nicht mehr vor dem Haus stehen und sich unterhalten oder im Wohnzimmer gemütlich beisammen sitzen, um zu erleben, wie menschliche Kontakte das Dasein erhellen können. Jetzt hocken die Menschen allein in dunklen Zimmern oder manchmal in schweigenden Gruppen, was dasselbe ist, und starren auf Elektronikmöbel mit flimmernden Bildern." (Roussel Baker, Journalist)

Wir sind Schöpfer und lassen uns trotzdem ständig sagen, was richtig und falsch ist, wie wir uns kleiden sollen, welche Produkte wir kaufen sollen, wie wir auszusehen haben, welche Musik wir hören sollen, welche Filme wir uns anschauen sollen, welches Land gerade ein Schurkenstaat sein soll, welchen Sport wir machen sollen. Es werden uns von den Medien ständig neue Leitfiguren angeboten, die uns erzählen, wie wir zu sein haben (so ähnlich wie es die Religionen getan haben). Ist eine von den Medien gemachte Leitfigur OUT, kommt eine neue, die IN ist und die uns erzählt, was richtig und was falsch ist.

„Individualität wird uns genommen, indem sie uns als Abziehbild vorgegaukelt wird." (Udo Brückmann)

Wir werden ständig mit etwas Neuem hypnotisiert, damit wir bloß vor dem Bildschirm sitzen bleiben und immer auf dem neusten Stand sind. Und wieder bleiben wir passiv, schwingen dementsprechend und bringen keine Wunschmanifestationen zustande, welche nur durch ein aktives und erwachtes Bewusstsein möglich sind. Um eine starke Wunschschwingung in sich aufzubauen, muss man eigenständig denken und fühlen, was zugleich den Untergang des Egos bedeutet. Wie soll man aber noch denken können, wenn man sich von morgens bis abends berieseln lässt von wertlosem Geschwätz und wertlosen Bildern? Um zu Dir selbst zu finden, zu Dir selbst zu kommen, musst Du Ruhe um Dich herum und Ruhe in Dir haben.

„Ich kann nicht verstehen, warum man sich im Fernsehen für Störungen entschuldigt, aber niemals für das normale Programm." (Otto Preminger)

„Die Leute sind gar nicht so dumm, wie wir sie durchs Fernsehen noch machen werden." (Hans Joachim Kuhlenkampff)

„Wir leben in einer von den Medien kontrollierten Begriffsrealität. Man hat Schlagwörter erfunden und man gebraucht sie täglich, ohne sich überhaupt darüber bewusst zu sein, was sie bedeuten, was dahinter steht." (unbekannt)

Die Fernsehprogramme haben die Realität unglaublich vieler unbewusster Menschen fest unter ihrer Kontrolle. Es ist zu beobachten, wie der echte zwischenmenschliche Kontakt immer mehr Platz macht für den Kontakt über virtuelle Welten. Unsere Wahrnehmung wird durch die Medien immer mehr gestört. Der Realitätsbezug geht verloren, weil man sich durch Fernsehen ein Bild von der Welt macht, anstatt in die Welt zu gehen und sie zu erleben. Durch ständiges Fernsehen verliert man immer mehr die Beziehung zur realen Welt. Offenbar ist Fernsehen für viele Ego-kontrollierte Menschen so etwas wie ein „freiwilliger Zwang". Es ist schon ein großer Schritt, wenn man begreift, dass man nicht fernsehen MUSS und auch keinen Fernsehapparat besitzen MUSS. Deine Schwingung wird es Dir danken.

Fernsehen ist der größte Zeiträuber aller Zeiten.
Wusstest Du, dass der durchschnittliche, westliche Fernsehzuschauer ungefähr 15 Jahre seines Lebens mit Fernsehen verbringt? Male Dir doch nur mal aus, wie viele Deiner glückbringenden Wünsche sich durch den bewussten Umgang mit dem Gesetz der Anziehung bereits erfüllt hätten, wenn Du die Zeit, die Du vor der Flimmerkiste verbracht hast, in die Verwirklichung Deiner Wünsche investiert hättest? Machen wir uns nichts vor: vermutlich ALLE! Und trotzdem hocken die meisten Leute lieber wie hypnotisiert vor dem viereckigen Märchenerzähler und lassen sich mit Frequenzmüll der übelsten Sorte berieseln. Damit setzt Du ganz klare Prioritäten und gibst dem Universum zu verstehen, dass Fernsehen tausendmal wichtiger ist als die Erfüllung Deiner Wünsche.

Betrachten wir uns das Ganze mal aus einem anderen Blickwinkel. Nehmen wir einmal an, der Fernseher sei Deine Nachbarin, während Dein Wunsch Deine Lebensgefährtin ist. Auf der einen Seite behauptest Du ernsthaft, dass Deine Lebensgefährtin Dir das Wichtigste im Leben ist, auf der anderen Seite verbringst Du mit ihr aber nur 10 bis 20 Minuten täglich, wohingegen Du täglich 5 Stunden mit Deiner Nachbarin verbringst (300 Minuten, also 15 mal mehr als mit Deiner Lebensgefährtin). In solch einem Fall darfst Du Dich nicht wundern, wenn zwischen Dir und Deiner Lebensgefährtin bzw. Deinem Wunsch nie eine innige Beziehung entsteht, da Du klar und deutlich zeigst, was Dir wirklich wichtig und was unwichtig ist. Gehe ich überwiegend mit Freude meinen Zielen nach, habe ich überhaupt keine Zeit für solch einen belanglosen Kram wie Fernsehen. Empfinde ich Liebe und Freude zu meiner Beschäftigung, dann gehört diese Beschäftigung zu meinem Lebensplan. Alles, was zum Lebensplan gehört, ist absolut vorrangig zu behandeln, alles andere ist von sekundärer Bedeutung. Lasse keine Dinge in Deine innere Welt hinein, die Dich mit negativer Energie aufladen. Du kannst Dir Dein Inneres auch als einen Wald vorstellen und die negativen Dinge als Umweltverschmutzung Deines Inneren. Wenn der Wald aber wachsen und gedeihen soll, dann braucht er dafür keine Umweltverschmutzung, sondern viel Licht, Liebe und Wasser. Wie würdest Du selbst diese "Tätigkeit" beschreiben, bei der Du stundenlang gebannt vor einem eckigen Kasten sitzt und Dir anschaust, wie ein Mensch einen anderen Menschen tötet? Es ist ein äußerst fragwürdiges „Vergnügen", sich in seiner Freizeit solch emotionalem Stress auszusetzen. Wenn es um Gewalt geht, kann es nicht harmonisch sein, das sollte jedem klar sein.

„Ich bin dafür, den kanadischen Eskimos den neu zu schaffenden Nobelpreis für Intelligenz zu verleihen, weil sie sich gegen die Einführung des Fernsehens ausgesprochen haben." (Peter Wallace)

Zuviel Fernsehen bewirkt eine gewisse Leere <u>eigener innerer Bilder</u> in unserem Kopf, so dass man angeblich besser „abschalten" kann. Mit Entspannung hat dies allerdings nicht das Geringste zu tun. Denn im Gegensatz zu der positiven Gedankenleere, welche man während des Meditierens erreicht, hat man beim Fernsehkonsum statt eigener Gedanken und Gefühle die Gedanken und Emotionen des Fernsehens in sich. Man wird überrollt von einer Unmenge von Bildern, gesprochenen Sätzen und Musik, so dass der eigene Geist zwar nichts Eigenes produziert, dafür aber trotzdem „passiv" auf Trab gehalten wird, und sich eben nicht ausruhen kann, da er alles Aufgenommene verarbeitet. Jeder fremde Gedanke verhindert einen eigenen. Und ebenso ist es mit Gefühlen. Der Mensch ist während des Fernsehens in einem Trancezustand. So oberflächlich die Fernsehprogramme sind, so oberflächlich wird auch der Mensch. Er schenkt dem Fernsehprogramm seine Aufmerksamkeit und somit seine Energie. Wer seinen Fernseher nicht abschalten kann, der kann bald auch innerlich nicht mehr abschalten. Wenn ich den Fernseher also auslasse und damit disharmonischen Informationen und Bildern aus dem Weg gehe, schütze ich damit nur mich selbst. Wenn Du das Gesetz der Anziehung effizient nutzen willst, dann ist es an der Zeit, Dich bewusst auszuklinken aus Deinem bisherigen Leben, in dem Medien einen großen Stellenwert hatten. Wenn die Menschen sich z.B. über den Krieg beklagen, dann sollten sie sich fragen, wo er in ihrem Leben ist, wenn sie sich nicht mit Zeitungen, Internet Fernsehen beschäftigen. Hat man all diese überflüssigen Dinge nicht (die Naturvölker kommen bestens ohne sie aus), sind Krieg und Gewalt plötzlich weg. Was bleibt, ist eine wundervolle, friedliche Welt. Plötzlich sind negative und Angst machende Dinge gar nicht mehr möglich. Denn wenn nichts da ist, was die negativen Dinge anzieht, können auch keine entstehen. Reine Logik.

„Das Fernsehen sorgt dafür, dass man in seinem Wohnzimmer von Leuten unterhalten wird, die man nie einladen würde." (Shirley MacLaine)

Ist Dir schon einmal aufgefallen, wie schnell ein Film heutzutage zwischen verschiedenen Szenen wechselt? Die Filme werden immer schneller geschnitten, so dass unser Gehirn völlig reizüberflutet wird und die Reizschwelle einfach höher ansetzt, so dass wir beim nächsten Film noch mehr reizüberflutet werden. Ich habe mir einmal die Mühe gemacht, einen Film aus den 60er Jahren mit einem Film aus der Gegenwart zu vergleichen: Abgesehen davon, dass in einem 60er Jahre alten Film für gewöhnlich weniger Tote gezeigt wurden, gab es auch kaum Nahaufnahmen der tödlichen Wunden. Heute ergötzt man sich an krankhaften Nahaufnahmen von Einschusslöchern und Autopsien, so dass die Hemmschwelle der Zuschauer noch weiter sinkt. Doch zurück zum Filmschnitt: eine Minute Actionfilm betrug in den 60er Jahren an die 3-5 Schnitte, so dass das menschliche Gehirn ausreichend Zeit hatte, alles zu verarbeiten. Während ein heutiger Actionfilm (besonders während der Actionszenen) bis zu 34 Schnitte pro Minute enthält. Das bedeutet mehr als eine Szene alle zwei Sekunden. Kein Wunder, dass Millionen von Kindern, die täglich stundenlang vor dem Fernseher sitzen, unter ADD und ADHD (Konzentrationsschwäche) leiden.

„Ich bin nicht dumm genug, um das deutsche Fernsehen ernst nehmen zu können." (Hans-Joachim Kulenkampff)

„Es ist soweit: der Mensch hat sich vom Homo sapiens zum „Homo zappiens" gewandelt." (Gedanken einer Fernbedienung)

Es gibt Wichtiges und Unwichtiges für das persönliche Glück aller Menschen und somit auch der Welt. In diesem Ego-System ist das Unwichtige (Filme, kommerzielle Sportveranstaltungen, Casting-Shows) zum höchsten Gut erklärt worden, während das wirklich Wesentliche vom System systematisch ausgeblendet wird. Das menschliche Denken wird ständig abgelenkt durch triviale Ablenkungen. Man bekommt rund um die Uhr unwichtige Unterhaltung vorgesetzt, so dass man nicht selbstständig denken muss. Das eigene Denken wird immer mehr abgeschafft. Da reicht bereits ein Container mit einigen publicitysüchtigen Menschen darin, die schlafen, essen, rülpsen und miteinander streiten, um einen Großteil der passiv eingestellten Menschen vor den Bildschirmen zu fesseln. Unterhaltung macht die Menschen regelrecht süchtig. Fernsehen ist somit eine omnipräsente Alltagsdroge und zugleich ein effektives Schlafmittel für unser Bewusst-Sein.

Was könnten wir Menschen alles erreichen, wenn wir uns nicht ständig ablenken lassen würden? Stell Dir das einmal bildlich vor: nachdem Du nach Deinem physischen Ableben Deinen Körper und die dritte Dimension verlassen hast, siehst Du Dir Dein gesamtes Leben noch einmal an. Von Deiner Geburt bis zu Deinem Tod. Dabei vergleichst Du Dein gelebtes Leben mit den Zielen, welche Du Dir für dieses Leben vorgenommen hattest. Dir fallen unzählige Situationen auf, die nicht Deinen Lebenszielen entsprechen, ja sogar das Gegenteil davon sind. „Das konnte ich ja nicht wissen", wäre in diesem Fall vielleicht eine Ausrede. Falsch. Selbstverständlich konntest Du es wissen, denn Deine Intuition hat Dich immer, jede Sekunde Deines Lebens, auf dem Laufenden gehalten, ob das, womit Du Dich gerade beschäftigtest, wirklich zu den Dingen gehörte, die Du Dir vor Deiner Geburt vorgenommen hattest. Deine Intuition sandte Dir ausnahmslos IMMER einen Kurier, einen Boten, in Form von Gefühlen. Jedes Gefühl, welches sich schlecht anfühlte, sollte Dich dazu bringen, dass Du dieses Gefühl nicht mehr erleben willst und Dich deshalb einer Sache widmest, die Dir Freude bereitet.

Zu guter Letzt stellst Du fest, dass Du lediglich 25% von dem erreicht hast, was Du Dir vorgenommen hattest. „Das Leben ist viel zu kurz", könnte Dir in diesem Augenblick durch den Kopf schießen. Aber wenn Du ehrlich bist, würdest Du Dir auch sofort die Gegenfrage stellen: „Wie viele Stunden, Tage, Wochen, Monate und Jahre meines physischen Lebens habe ich damit verschwendet, vor dem Fernsehapparat zu hocken und mir belanglosen Frequenzmüll anzutun?"

Gibt es eine Lösung? Ja, die gibt es und ihre Einfachheit ist ebenso stark wie ihre Wirksamkeit.

Zieh einfach den Stecker aus der Steckdose und die Sache ist geregelt.

Kleine Ursache, aber eine ungemein große Wirkung. Die Wahrheit ist: je weniger Du fernsiehst, desto besser siehst Du durch!!! Da das Ego uns den Krieg erklärt hat und uns als Feind betrachtet, sollten wir eine überaus wichtige Regel aus Sun Tsus „Kunst des Krieges" befolgen: „Nehme nie an, was der Feind Dir anbietet." In diesem Falle wären das disharmonische Bilder, Texte und Worte, auf die man verzichten sollte.

Kurze Zusammenfassung:
Vermeide das haarsträubende Geschnatter in den Medien, das vor negativer Energie nur so strotzt und bewahre Dir Deine innere Ruhe. Die vom Ego-System gesendeten Nachrichten im Fernsehen und in der Presse sollte man gänzlich meiden, da sie an pessimistischen Vorhersagen kaum noch zu übertreffen sind und keine Wunscherfüllungen zulassen. Wir wissen, dass Energie der Aufmerksamkeit folgt. Die negativen Nachrichten werden durch die ständige Energiezufuhr der ängstlichen Gedanken unzähliger ängstlicher Zuschauer zu einer sich selbsterfüllenden Prophezeiung. Wer das Gesetz der Anziehung einmal verstanden und es sich tief verinnerlicht hat, wird sich von negativen Nachrichten jeglicher Art abwenden und sich den schönen Seiten des Lebens zuwenden.

„Die gefährlichsten Massenvernichtungswaffen sind die Massenmedien. Denn sie zerstören den Geist, die Kreativität und den Mut der Menschen, und ersetzen diese mit Angst, Misstrauen, Schuld und Selbstzweifel." (M. A. Verick)

Verinnerlichen wir uns: Lösen wir das Ego auf, ist unsere Schwingung frei und alles Disharmonische in der „Außenwelt" verschwindet.

DIE EGO-KREATION: POLITIK

Die Religion und die Medien sind gute Beispiele für die Erhaltung des Egos, indem Angst produziert wird, aber das reicht dem Ego noch nicht. Das absolute Negativbeispiel in punkto Ego-Kreationen ist die Systemsäule mit Namen „Politik", die gierig nach Macht und Kontrolle ist und von der Re-GIER-ung ausgeübt wird. In der Politik geht es um viele Worte, jedoch nicht in Form von Qualität, sondern von Quantität. Es geht, ebenso wie in der Religion, darum, wegen einer Ego-Ideologie ("Ich habe recht, die anderen haben unrecht") Andersdenkende zu bekämpfen. Das Ego hetzt einzelne Menschen und Gruppen von Menschen gegeneinander auf, gibt ihnen mit einer kindischen Flagge und einem gemeinsamen Lied (Nationalhymne) eine falsche Identität (weg von der großen „Familie Mensch", hin zur Trennung der Menschheit), um ständig weitere Trennungen zu produzieren. Das Ego entwickelt gerne unlösbare Probleme und Streitereien, die uns ablenken und beschäftigt halten, die uns gegen unsere Menschenbrüder aufbringen. Wo aber gekämpft wird, kann kein Glück entstehen. Um ein glückliches Leben führen zu können, ist Moral erforderlich. Politik und Moral stehen jedoch immer in einem Spannungsverhältnis, da Politik immer nur von Interessen beherrscht wird, und die verändern sich im Gegensatz zur Moral ständig. Moral aber ist NIE abhängig von den Umständen. Leider ist Moral für egobehaftete Politiker oft nur eine rein verbale Auslegungssache.

„Teile und herrsche" ist ein altbekanntes Machtinstrument, welches bereits Tausende von Jahren alt ist. Politik und Religion sind sich überaus ähnlich, weil sie die Menschen auf der ganzen Welt in rivalisierende, konkurrierende Gruppen teilen. Auch hier zeigt sich wieder die Trennungstaktik des Egos. Man trennt die Menschen in verschiedene politische Richtungen, Nationalitäten und früher trennte man sie auch nach ihrer Hautfarbe, so dass keine Einheit herrscht, dafür aber gnadenloser Streit untereinander. Wer ständig im Streit mit anderen liegt, kann nicht ernsthaft erwarten, dass er harmonisch schwingt und dass seine Wünsche eines glücklichen Lebens in Erfüllung gehen. Die Politik hat im Laufe der Menschheitsgeschichte kontinuierlich engstirnige vom Ego geprägte Rechthabereien gezüchtet. Welche Partei man wählt und welcher Partei man angehört, ist dem Ego egal, solange man sich irgendeiner Partei anschließt. Denn ist man erst einmal in einer drin, hat das Ego früher oder später die Kontrolle erlangt. Der Mensch vergisst dabei nämlich, dass er zur universellen Einheit gehört, die allumfassend ist.

So wie die verschiedenen Religionen denken, sie folgen als einzige dem wahren Glauben, so denken alle Parteien von sich, dass sie alleine recht haben und alle anderen unrecht haben. Alles, was dem Ego entspringt, ist rechthaberisch und behauptet gerne von sich, das einzig Richtige und Wahre auf der ganzen Welt zu sein. Das teilt die Menschen. Je tiefer die Teilung der Gesellschaft ist, desto unbewusster werden die darin lebenden Menschen. Für die Ego-Regierenden ist das sehr praktisch, weil sich eine entsolidarisierte Gesellschaft viel leichter regieren lässt und diese sich mit dieser disharmonischen Schwingung kaum zu bewusst lebenden Menschen entwickelt.

„Die politischen Führer bzw. Regierungen verdanken ihre Stelle teils der Gewalt, teils der Wahl durch die Masse. Sie können nicht als eine Vertretung des geistig und moralisch höher stehenden Teiles der Nationen angesehen werden." (Albert Einstein)

Zugleich eignet Politik sich hervorragend dazu, Angst zu erzeugen, indem man andere Menschen (andere Völker) als eine Bedrohung darstellt, mit dem Ziel den Radius der Angst auszuweiten. Angst erzeugt Hass und Hass erzeugt Gewalt. Hat man früher für den religiösen Glauben Menschen abgeschlachtet, so tötet man heutzutage für das Schlagwort „Demokratie". Wieder das gleiche Spiel, aber in einem anderen Gewand. So kann es sein, dass ein heutiger Soldat, der über die primitiven Glaubenskriege der vergangenen Jahrhunderte lacht und verständnislos den Kopf darüber schüttelt, heute den gleichen Mist verzapft, ohne sich darüber bewusst zu sein, und das nur weil heute das Schlagwort "Demokratie" statt "heilige Kreuzzüge" lautet. Und solches Morden nennt die Ego-Erfindung Politik dann allen Ernstes eine „militärische Lösung". Wer eine harmonische Schwingung hat, der will das Wort „töten" nie denken, geschweige denn laut aussprechen.

„Politik ist nicht wirklich real an Lösungen interessiert. Genauso wenig wie die Medien. Politik ist eine Simulation, die Lösungen vorgaukelt, die Medien simulieren die Aufdeckung dieser Simulation und manipulieren dadurch auf ihre Art." (Christoph Schlingensief)

Haben wir es mit einem geistig gesunden Menschen zu tun, der allen Ernstes beabsichtigt, andere Menschen zu töten? Jeder, der glaubt, man dürfe aus politischer Motivation für eine "gute" Sache töten, ist in meinen Augen geistig gestört und vollkommen unter der Kontrolle des Egos, was das gleiche ist. Denn jedes Töten zieht nur noch mehr Töten an, Gewalt erzeugt Gegengewalt, das Gegenteil von Frieden und Glück. Und da wir alle eins sind, was quantenphysikalisch nachgewiesen ist, verletzen wir uns damit nur selbst. Als kleines Kind habe ich mich nicht so dermaßen bescheuert verhalten wie heute bestimmte Erwachsene.

Du glaubst doch nicht im Ernst, dass die Unendlichkeit, in der wir leben, will, dass wir Menschen uns gegenseitig im Namen irgendwelcher Ideologien abmurcksen!?!

Kleinkinder spielen auf dem Spielplatz mit anderen Kleinkindern, unabhängig von Rasse, Hautfarbe, Religion, unabhängig davon welcher politischen Partei die Eltern angehören und wie viel die Eltern verdienen. Von Kindern können Erwachsene ungemein viel lernen. Sie brauchen keine Religion und keine Politik, sondern verstehen sich blendend miteinander und schwingen harmonisch. Und selbst wenn es mal Streitereien geben sollte, wird im Gegensatz zu Erwachsenen, die vom Ego befallen sind, nicht gleich scharf geschossen oder eine Atombombe auf eine Großstadt geworfen. Sie sehen sich nicht als getrennt voneinander an, so dass das Ego noch nicht viel Macht über sie besitzt.

Das Ego benutzt in der Politik eine altbewährte Taktik, die man als das „Hegelische Prinzip" kennt. Es gründet eine These und eine Antithese (z.B. Kapitalismus und Kommunismus), und nachdem die beiden sich aufgerieben haben, entsteht die Synthese (z.B. eine neue Weltordnung). Auf nichts anderem ist die politische Geschichte der letzten Jahrhunderte aufgebaut. Die unbewussten Menschen bleiben somit immer unter der direkten Kontrolle des Egos.

Frage doch einmal Deine unbestechliche, präzise und immer richtig antwortende Intuition: wen würdest Du eher vermissen? Den Vogel, der morgens fröhlich neben Deinem Fenster zwitschert, oder einen Minister, der im Auftrag des Systems mit Gesetzen Dein Leben zu kontrollieren versucht? Ich glaube dazu braucht man wahrlich keine Meinungsumfrage. Meist verschanzen sich viele Politiker hinter künstlichen Parteiparolen. Sie verbreiten ein künstlich geschaffenes Image, das ihrem Ego schmeichelt, anstatt sich unverfälscht zu zeigen und auf die Menschen zuzugehen. Anstatt menschliche Wärme zu entwickeln, übt man sich in diesen Kreisen mehr auf überflüssigen Kram wie z. B. medienwirksame Gesten und in die Kamera zu lächeln. Jede führende, politische Größe ist zugleich ein Werbeprodukt mit zahlreichen Mitarbeitern, die für imagebildende Maßnahmen verantwortlich sind. Was hat das noch mit unverfälschter Wahrheit zu tun? Nichts, dafür aber sehr viel mit dem Ego, das immer nur gewinnen will, um sich bedeutend vorzukommen.

Jegliches Herrschen wollen entspringt dem Ego, denn das universale, göttliche Bewusstsein will niemanden beherrschen, es will in Liebe und Einheit leben. Wovor hat ein jeder Herrscher Angst? Vor einem benachbarten Staat? Vor Krieg? Vor dem Staatsbankrott? Sicherlich, aber die größte Angst hat er immer vor seinem eigenen Volk, unabhängig um was für eine Staatsform es sich dabei handelt. Warum? Weil jeder Herrscher weiter herrschen will und sich immer davor fürchten muss, dass das Volk einmal zu dem Schluss kommen könnte, mündig, unabhängig, selbstständig und BEWUSST zu leben, so dass es keinen Herrscher braucht. Ein BEWUSSTES Volk hat eine eigene Meinung und muss sich diese nicht erst von der Politik vorgeben lassen. Ein unbewusstes Volk hingegen hat keine eigene Meinung, sondern lässt sich zu einer fremdbestimmten Meinung bringen.

„Die Freiheit der Meinung setzt voraus, dass man eine hat." (Heinrich Heine)

Vielleicht wird man lächelnd über unsere Epoche sprechen, die einer der größten Irrläufer der Menschheitsgeschichte ist. Zum Beispiel dass es mal eine Zeit der Verwirrung gab, in der verwirrte Menschen andere Menschen töteten, weil sie an etwas Anderes geglaubt haben. In der man sich körperlich und geistig vergiftete mit falscher Ernährung, mit Elektrosmog, mit Abgasen und mit Bildern der Gewalt und des Todes, die man als Unterhaltung umschrieb. In der man Naturvölker, also diejenigen, die als Einzige den Durchblick noch nicht verloren hatten, in Reservate einsperrte.

Beenden wir nun dieses traurige Kapitel und bitte nimm Dir das Geschriebene zu Herzen. Politik schadet unserer Wunschschwingung, sie macht uns passiv, weil wir die Eigenverantwortung abgeben. Politik entsteht nur dort, wo das Ego herrscht. Naturvölker kennen so etwas wie Politik gar nicht, sie haben nicht mal ein Wort dafür.

Kurze Zusammenfassung:
Macht über andere - so kann man Politik umschreiben. Immer dann, wenn jemand Macht missbraucht, um anderen Menschen zu schaden, ist ein Ego erkennbar. Besonders, wenn man sich die Politik der letzten Jahrhunderte und Jahrtausende bis heute anschaut. Da wird gelogen und betrogen, da werden die verschiedensten Verbrechen legalisiert, da lässt man aus egomanischen Profitgründen Menschen zu Millionen verhungern, da werden ganze Nationen in tödliche Kriege gezwungen - und das Erschreckende dabei ist, dass dies unabhängig von der politischen Ideologie geschieht. Die Politik entfacht Kriege unter allen Regierungsformen (Demokratie, Monarchie, Sozialismus, Kommunismus.). Einen Grund, um Kriege zu führen, in denen Menschen andere Menschen töten, ist irgendwie immer vorhanden. Und egal, was als Grund angegeben wird, ob ein präventiver Erstschlag aus geschürter Angst vor einem äußeren Feind, die Einhaltung der Menschenrechte, der Kampf für den Frieden (welch ein dümmlicher Selbstbetrug, denn es ist ein Widerspruch in sich selbst) oder die Befriedung zweier Kriegsparteien - der wahre Grund ist immer das EGO, dem es um Macht über andere geht. Solange unbewusste, vom Ego kontrollierte Menschen Macht über andere haben, wird es Kriege und Gewalt geben.

„Willst Du den Charakter eines Menschen erfahren, so gib ihm Macht." (Abraham Lincoln)

Verinnerlichen wir uns: Lösen wir das Ego auf, ist unsere Schwingung frei und alles Disharmonische in der „Außenwelt" verschwindet.

DIE EGO-KREATION: WIRTSCHAFT

Ist es Wahnsinn, für ein paar Papierscheine, die wir Geld nennen, die Wälder zu zerstören, die uns Sauerstoff zum Leben schenken und alles in diesem System aufs Konsumieren zu reduzieren? Ja, ist es – der übliche Wahnsinn des Egos. Ein Wahnsinn, der aus Gier entsteht. Doch Scheinbefriedigungen wie Geld, Karriere und Sex können die Gier nach immer mehr und mehr ebenso wenig stillen, wie Salzwasser den Durst stillen kann. Die Psychologen sagen, dass die Gier aus der Angst kommt. Und sie macht blind.

„Alles Leid entsteht durch Unzufriedenheit und Gier." (Buddha)

„Erst wenn der letzte Wald gerodet, der letzte Fluss vergiftet und der letzte Fisch gefangen ist, werdet ihr feststellen, dass man Geld nicht essen kann." (Weissagung der Cree-Indianer)

Somit kommen wir zu einer weiteren Säule im System des Egos, nämlich zu der Ego-Kreation namens Wirtschaft; übrigens auch etwas, was den friedliebenden Naturvölkern fremd war. Kein Mensch aus einem Naturvolk hat sich vom Ego überzeugen lassen, dass er mit viel Geld, einem "coolen" Wagen, einem "coolen" Haus und "coolen" Klamotten ein "cooler" Mensch ist.

Eines Tages nahm ein Mann seinen Sohn mit aufs Land, um ihm zu zeigen, wie arme Leute leben. Vater und Sohn verbrachten einen Tag und eine Nacht bei Eingeborenen, die noch in Einklang mit der Natur lebten. Als sie wieder zurückkehrten, fragte der Vater seinen Sohn: "Wie war dieser Ausflug?" "Sehr interessant!" antwortete der Sohn. "Und hast Du gesehen, wie arm Menschen sein können?" wollte der Vater wissen. "Oh ja, Vater, das habe ich gesehen." erwiderte der Sohn. "Was hast Du also gelernt?" fragte der Vater. Und der Sohn antwortete: "Ich habe gesehen, dass wir einen Hund haben und die Eingeborenen leben mit allen Tieren der Umgebung zusammen. Wir haben einen Swimmingpool, der bis zur Mitte unseres Gartens reicht, und sie haben einen See, der gar nicht mehr aufhört. Wir haben prächtige Lampen in unserem Garten und sie haben die Sterne. Unsere Terrasse reicht bis zum Vorgarten und sie haben den ganzen Horizont." Der Vater war sprachlos. Und der Sohn fügte noch hinzu: "Danke Vater, dass Du mir gezeigt hast, wie arm wir sind."

Während die Politik die Menschen in Rassen und politische Ideologien aufteilt und die Religion die Menschheit in verschiedene Konfessionen zergliedert, trennt die Wirtschaft die Menschen in arm und reich. Wer hier anerkannt werden will, muss einen Superschlitten fahren, eine pompöse Villa unterhalten und eine Menge Geld auf dem Konto besitzen. Dadurch definiert der Mensch sich immer weniger über das Sein, sondern nur noch über das Haben. Hat man viel Besitz, dann ist man auch mehr wert. Hat man nichts, dann ist man auch nichts wert. Durch diese perverse Sichtweise wollen unbewusste Menschen immer mehr haben, um „etwas zu sein", was zu einer verrohten Gesellschaft, zunehmender sozialer Kälte und einer Verflachung im geistigen Leben führt. Denn eine solche Gesellschaft honoriert rücksichtsloses Karrierestreben und Ellenbogeneinsatz als „Leistung" und stellt den finanziellen Gewinn über alles – auch über die Zerstörung der Natur, über die menschliche Würde und über die geistige und körperliche Gesundheit.

Man braucht im Grunde keine Religionen, um zu einem Gott aufzuschauen. Es gibt jede Menge Ersatzgötter in unserem System, die ebenso fesselnd sind wie Religionen: Geld, Macht, Sex, Karriere, Prominente, Fernsehserien, Statussymbole und viele mehr. Nur äußerlich scheinen sich all diese Ersatzgötter vom religiösen Glauben an einen Übergott zu unterscheiden, doch im Kern haben sie alle dieselbe Funktion: sie lenken uns alle von unserem wahren Potenzial ab. Sie beschäftigen uns mit Unwichtigkeiten, so dass wir keine glücklich machende Schwingung in uns erzeugen können. Sie alle machen uns unfrei, sie alle lassen uns wie Blinde ohne Stock einem fremdbestimmten, verführerischen Ego-Ziel hinterher jagen, das uns vergessen lässt, wozu wir überhaupt hier sind.

Wie funktioniert eigentlich unsere Wirtschaft, in der bestimmte Elemente uns einzutrichtern versuchen, dass Geiz etwas Geiles ist? Ist es ein menschliches Miteinander oder eher ein unmenschliches Gegeneinander nach dem Motto: „Nach mir die Sintflut"? Zum Thema Wirtschaft habe ich ein altes russisches Märchen gefunden, welches den momentanen Zustand sehr gut widerspiegelt:

Ein Priester bittet Gott, er möge ihm Himmel und Hölle zeigen. Gott gibt dem Priester Elia, den Propheten, als Führer mit, der ihm Beides zeigen soll. Elia führt den Priester in einen großen Saal, in dem zahlreiche Menschen mit langen Löffeln in Kreisform sitzen. In der Mitte des Saals befindet sich ein auf einem Feuer kochender, riesiger Topf mit einem herrlichen Gericht. Alle Menschen schöpfen mit ihren langen Löffeln aus dem Topf, aber aus irgendeinem Grund sind die Menschen alle ausgehungert, mager, leichenblass, schwach und wirken krank und unglücklich. Der Priester erkennt den Grund dafür: Die Löffel sind so lang, dass die Menschen sie nicht zum Munde führen können. Das Essen gelangt zwar in den Löffel, aber es gelangt nicht zum Mund und somit auch nicht in den hungrigen Magen. Elia erklärt: „Das ist die Hölle!"

Dann verlassen sie den Saal und treten in einen anderen Saal ein. Dieser Saal gleicht dem ersten Saal: in der Mitte ist wieder ein auf Feuer kochender Topf mit einem leckeren Gericht darin. Die Menschen sitzen in Kreisform um den Topf herum und schöpfen mit ihren langen Löffeln aus dem Topf. Doch ein wichtiger Unterschied ist zu sehen: diese Menschen sind wohl genährt, stark, vital und wirken gesund und glücklich. Der Priester ist zuerst verwundert darüber, doch da sieht er, woran es liegt: in diesem Saal schieben sich die Menschen die Löffel gegenseitig in den Mund, sie helfen einander und arbeiten miteinander, statt gegeneinander. Und dem Priester dämmert es, wo er gerade ist – im Himmel.

Dieses „Märchen" hat einen tiefen und wahren Kern. Es verdeutlicht auf eindrucksvolle Weise, wie sehr unser Wirtschaftssystem von „himmlischen" Prinzipien abgewichen ist und uns das Leben zur Hölle macht. Das Ego kämpft gegen sich selbst. Folglich kämpft jeder Ego-Mensch gegen alle anderen Ego-Menschen. Diese Systemsäule im Ego-System lässt uns alle gegeneinander konkurrieren und vermittelt den Eindruck, dass das Überleben auf Kosten anderer völlig in Ordnung und notwendig sei, dass es anders gar nicht ginge. Des einen Leid ist in diesem System des anderen Freud. Das Ego geht immer nach dem animalischen Motto "fressen oder gefressen werden". Für das Ego gilt einzig das Recht des Stärkeren, deshalb ist es auch in der Wirtschaft und der Politik so. Der Stärkere hat die Macht und wer die Macht hat, hat automatisch das Recht und bekommt als Gewinner alles, was er will. Auf diese Weise sorgt das Ego dafür, dass Menschen z.B. aus Karrieregründen miese Charakterzüge entwickeln und zu einem "Dreckskerl" mutieren, sofern sie nicht stark genug sind, ihrem Ego zu widerstehen. Das System sagt einem: "Es ist egal, ob Du ein Dreckskerl bist, wenn Du Karriere gemacht hast. Denn Hauptsache Du bist ein reicher Dreckskerl, das ist im EGO-System völlig okay." Und weil man jeden Tag unendlich oft wiederholt, dass dieses menschenfeindliche System das wahre Leben sei und dadurch der Blick auf jegliche Alternativen ausgeblendet wird, hat sich dieser irrelevante Blödsinn im Kopf der meisten Menschen eingenistet. Es ist der absolute Irrsinn, der in diesem System vor sich geht und der uns innerlich traurig, wütend und depressiv macht, so dass wir diese Emotionen aussenden.

Geld und Gier sind die einzige Philosophie dieser zynischen Gesellschaft. Das prägt das gesellschaftliche Klima. Und da das ganze System vom Ego ins Leben gerufen worden ist, ist es so ausgerichtet, dass es Menschen ohne Ego, die selbstlos und zuvorkommend sind, die sich für das Miteinander, statt für das Gegeneinander entscheiden, als naiv und dumm abstempelt. Verkehrte Welt.

In diesem System ist jeder gegen jeden, obwohl es gegen unsere Natur ist. Also ist dieses System abnormal und unnatürlich, es ist pervertiert, denn es ist ein Ego-System. Dass bei solch einem primitiven und kurzsichtigen Verhalten, bei dem die Geldgier im Vordergrund steht, über kurz oder lang definitiv nichts Gutes herauskommen kann, ist wohl jedem klar. Solch ein Verhalten entmenschlicht uns und bringt uns dazu, negativ zu schwingen.

Wirtschaftswachstum z.B. gilt in diesem System grundsätzlich als gut, aber es entsteht besonders in Kriegszeiten. Ist das dann wirklich gut? Wirtschaftswachstum kann auch entstehen, wenn ein Öltanker das Meer verseucht. Ist Umweltverschmutzung, die zweifellos einen wirtschaftlichen Erfolg darstellt, für die Welt und uns Menschen gut? Wohl kaum! Indem man alles von GELD abhängig macht, sind Moral und menschliche Wärme in diesem System unwichtig geworden – ganz so, wie es dem Ego gefällt. Unser gesamtes Leben dreht sich nur noch um die Kohle und wir rennen ihm wie besessene Schafe hinterher, während die Wirtschaft und die Banken unsere Hirten sind. Das Geld setzt uns permanent unter Druck, es sagt uns, dass man nur dann wert ist, wenn man nach seinen Regeln spielt - wie soll man da noch harmonisch schwingen können?

Wie geht die Wirtschaft mit Menschen um? Schafft es jemand z.B. Direktor innerhalb seiner Firma zu werden, so hat er dadurch nicht wirklich etwas Wichtiges im Leben erreicht. Denn was in diesem System zählt, ist die Position, nicht der Mensch, der diese Position bekleidet. Wird der Mensch von dieser Position wieder entfernt, ist er für das System nichts mehr wert. Das Wirtschaftssystem ist menschenverachtend, denn es schätzt die Funktion, nicht den Menschen an sich.

Zudem sorgt das System dafür, aus uns perfekte Arbeiter (früher sagte man Sklaven) zu machen, die am Ende eines schweren Arbeitstages körperlich, geistig und emotional überlastet sind. Bin ich überlastet und "platt", bedeutet das, ich habe keine Energie mehr. Bin ich „leer" an Energie, kann ich auch nichts geben. Man will in solch einem Zustand möglichst alleine sein, sich zurücklehnen und sich vom Abendprogramm der Fernsehindustrie berieseln lassen. Kurzum: man zieht sich ins passive Leben zurück. Ein überaus ungünstiger Zustand, um seine Wünsche zu realisieren, denn das geht nur, wenn man aktiv ist. Die Wirtschaft macht das menschliche Miteinander kaputt. Ich habe es niemals als meinen Sinn des Lebens angesehen, jeden Morgen um dieselbe Uhrzeit aus dem Bett aufzustehen, jeden Tag mit derselben Bahn oder immer auf derselben Strecke mit dem Auto zu der ewig gleichen Arbeit zu fahren, um immer mit denselben Leuten zu tun zu haben, die ich mir gar nicht selbst ausgesucht habe, nur um dann wieder denselben Weg nach Hause zurück zu fahren und wie immer vor der Glotze zu sitzen und zu Bett zu gehen, nur damit tags darauf derselbe Psychoterror wieder von vorne los geht.

„Der rastlose Arbeitsmensch von heute hat tagsüber keine Zeit, sich Gedanken zu machen - und abends ist er zu müde dazu. Alles in allem hält er das für Glück." (George B. Shaw)

Was macht einen Menschen in diesem kalten und herzlosen System aus? Sein teures Auto? Seine große Luxusvilla? Sein Kontostand? Seine Markenkleidung? Seine Nationalität? Sein Status innerhalb der Gesellschaft? Seine Berühmtheit? Alles totaler Blödsinn. DU bist göttlich. Du musst nicht erst Fußballweltmeister, Top-Manager, Superstar oder eine Hollywood-Größe werden. Aber das Ego-System will uns das einreden, also vergiss das blöde System. Nutz Deine Zeit dazu, um glücklich zu werden, nicht um ein „Star" zu werden.

Vergessen wir nie: die Gier ist das erste Gefühl, welches entsteht, wenn das Ego geboren wird. Das Ego giert nach Anerkennung, nach Zustimmung, nach Bestätigung, nach Überlegenheit, nach Liebe, nach Geborgenheit, nach Zufriedenheit. Unser wahres Wesen muss nicht danach gieren oder suchen, da es nichts davon braucht. Es braucht keine Anerkennung und keine Bestätigung, denn es ist göttlich und ruht in sich selbst. Es giert auch nicht nach Liebe und Zufriedenheit, denn es IST Liebe und Zufriedenheit. Wir alle sind dieses Bewusstsein, welches aber bei den Meisten von uns vom Ego überschattet wird. Wieder zum wahren Wesen zurück zu finden, ist unser aller Ziel.

Das will das Ego natürlich nicht zulassen, deshalb hält es uns ständig auf Trab, denn wenn wir nicht aufpassen, stehen wir in diesem System plötzlich ohne Job da. Und ohne Job sein, ist nicht so gut, denn dann wird man mittellos. Keine Firma der Welt belohnt Dich für Ruhe, stattdessen drängt man Dich ständig dazu, Dir Gedanken zu machen, immerzu etwas zu TUN, ständig etwas zu unternehmen. Das Ego will Dich nie zur Ruhe kommen lassen, weil Du sonst auf die Idee kommen könntest, Dir Deines Selbst bewusst zu werden.

Was treibt uns also ständig an in diesem sogenannten Wirtschaftssystem? Erraten - die pure, nackte EXISTENZANGST!!! Hauptsache man hat einen Job, einen Beruf, mit dem man Geld verdient und seine Existenz bezahlen kann. Und dafür nimmt man alles an, egal wie entwürdigend es ist, denn man befindet sich in einem Laufrad und die Drehzahl nimmt von Jahr zu Jahr immer mehr zu, so dass man keine Zeit hat innezuhalten. Das Leben in einem System, in dem der Mensch nur nach seinem wirtschaftlichen Wert bewertet wird, besteht aus Karrieresorgen, Geldproblemen, einem ständig gefährdeten Arbeitsplatz, Einsamkeit, seelischer Kälte, Terminnot und ständigem Druck. In solch einem Leben kommt so manches zu kurz, besonders das Glück. Dabei kommt Beruf kommt von Berufung. Jeder Beruf, der nicht gleichzeitig eine Herzensangelegenheit bzw. eine Berufung ist und uns mit Freude erfüllt, führt unweigerlich in ein unglückliches Dasein. Die wenigsten Menschen in diesem System tun das, was ihnen Spaß macht, was sie glücklich macht, was sie wirklich wollen. Wie kann man da noch von einem schönen Leben sprechen? Konzentriere Dich deshalb auf eine Beschäftigung, die Dich glücklich macht. Male Dir in Gedanken einen Beruf aus, der Dich finanziell gut versorgt und Dich zugleich das tiefe, innere Gefühl der Zufriedenheit spüren lässt.

Das Ego-System lässt uns wie Hypnotisierte durch den Tag hasten, immer in der Angst, nicht genug Zeit zu haben. Es macht uns zum Sklaven der beschleunigten Zeit. Je mehr wir uns beeilen, desto weniger bewusst leben wir. Und das bedeutet im Umkehrschluss mehr Unbewusstheit und somit mehr Unglück, Angst und Leid. Nicht überhöhtes Pensum, sondern Langsamkeit und Geduld sind das Fundament von Bewusstheit.

Das Ego geht sehr subtil vor und lässt uns glauben, wir seien in diesem System frei. Doch wir sind nicht frei, da das System uns zu einem Leben in Stress und Angst zwingt. Der menschenverachtende

Zwang versteckt sich hinter einer wackeligen Fassade aus angeblich gut gemeinten Gesetzen und angeblichen Notwendigkeiten, man hält uns im Grunde alle unter Aufsicht.

Interessant in diesem Zusammenhang ist der Vergleich der Psyche eines Psychopathen und der Psyche von Wirtschaftsunternehmern und Top-Managern. Laut verschiedenen psychologischen Aussagen haben Psychopathen kein Gewissen. Sie sind nicht in der Lage, Empathie und Mitleid zu empfinden. Sie haben ein übersteigertes Gefühl der eigenen Bedeutung, ein ausgesprochen hohes Anspruchsdenken, sind äußerst oberflächlich, benehmen sich antisozial und sehen sich selbst, trotz all der aufgezählten destruktiven charakterlichen Attribute, nicht als eine Gefahr für die Menschheit. Die Analyse der Wirtschaftsunternehmer und Top-Manager überlasse ich Dir, geschätzter Leser.

Um zu verstehen, wie krankhaft diese Systemsäule ist, reicht ein kurzer Blick auf die mächtigste Wirtschaft innerhalb dieser Gesellschaft: die Rüstungs- und Waffenindustrie. Die Industrie, die Sachen erfindet, um die eigene Menschenrasse umzubringen. Wenn diese Erfindungen nicht eingesetzt werden, um Menschen umzubringen, dann würde das Wirtschaftssystem zugrunde gehen. Und anstatt das System einfach abzuschaffen und ein humanes einzuführen, werden diese tödlichen Erfindungen dann doch lieber eingesetzt. Menschenleben zählen also nichts im Ego-System. Geht es nur mir so oder wird auch Dir immer klarer, in was für einer Ego-Welt wir leben? Und damit das niemandem auffällt, benutzt man lieber nichtssagende und verharmlosende Wörter wie z.B. "Granate" statt "Menschenzerfetzer".

Kurze Zusammenfassung:
Halten wir also fest: Geld ist das alleinige Maß in der Wirtschaft. Da werden Menschen entlassen, damit sich der Firmenchef seine zehnte Villa bauen kann. Da werden Tiere wegen ihres Felles gejagt und ermordet. Da werden Wälder abgeholzt, weil man aus dem lebensspendenden Wald tote Zimmermöbel herstellen will. Wie können Menschen so etwas tun, wie können sie so etwas durch Nichtstun unterstützen? Sie tun es deshalb, weil sie sich als getrennt sehen

vom Rest des Universums. Getrennt von ihren Mitmenschen, von den Tieren, von den Pflanzen, von der Welt. Nur Menschen, die sich als getrennt vom Universum fühlen, können so etwas tun. Und nur in einer EGO-Welt wird solches Verhalten für Rechtens erklärt. Nur Menschen, die keine innere Verbundenheit zur Welt fühlen, machen sich lustig über das Mitgefühl derjenigen, die noch fühlen können. Fühle ich mich mit der Schöpfung verbunden, dann könnte ich es niemals über mein Herz bringen, all das Beschriebene zu tun oder gutzuheißen. Ich würde meine Mitmenschen, Tiere und Mutter Natur lieben und wertschätzen. Ich würde eine echte Beziehung zu meinen Mitmenschen aufbauen, anstatt nur auf meinen eigenen Vorteil bedacht zu sein. Ich würde Tiere lieben, anstatt sie nur essen zu wollen. Ich würde Mutter Erde respektieren, anstatt es nur auf ihre Bodenschätze abgesehen zu haben. Wer sich den Wunsch eines glücklichen Lebens erfüllen will, der wird die Werte der Ego-Kreation Wirtschaft aufgeben. Jeder Mensch, dem die volle Tragweite von Ursache und Wirkung und der Einheit allen Seins klar wird, kann eigentlich nur augenblicklich damit aufhören, diesem kollektiven Wahnsinn zu folgen.

Verinnerlichen wir uns: Lösen wir das Ego auf, ist unsere Schwingung frei und alles Disharmonische in der „Außenwelt" verschwindet.

DIE EGO-KREATION: WISSENSCHAFT

Um das Bild des vom Ego geschaffenen Systems zu vervollständigen, werfen wir an dieser Stelle einen Blick auf die sogenannte WISSEN - SCHAFFT (der Name sagt es ja bereits: hier wird kein Wissen entdeckt, sondern geschaffen), die in der EGO-Gesellschaft wie eine dogmatische Religion angesehen wird, obgleich sie eine äußerst **relative** Betrachtungsweise der Dinge hat. Nur was auf bestimmte Art und Weise belegt ist und rationell nachvollzogen werden kann, gilt in der Ego-Gesellschaft als gesichert und wahr. Welch lächerlicher Kleingeist, da die Fähigkeit, etwas zu messen, immer davon abhängt, wie entwickelt die verwendete Technologie gerade ist. Man beschränkt sich immer nur auf den Frequenzbereich, den man gerade technologisch messen kann. Bis heute kann man keine Liebe messen, demnach dürfte es sie gar nicht geben. Gemessen werden in der Wissenschaft immer nur Ströme, Differenzen, Mengen, eben ausschließlich physische Veränderungen. Jedoch weder im Kontext des Ganzen, noch unter Einbeziehung des Nicht-Messbaren.

„Die verstehen sehr wenig, die nur das verstehen, was sich erklären lässt." (Marie von Ebner-Eschenbach)

Die Wissenschaft hat einen wichtigen Stellenwert im Ego-System. **In unserer Kultur haben dank der Wissenschaft der Kopf und somit der Verstand die absolute Macht.** Und beide sind Diener des Egos, da unser wahres Wesen weder Kopf, noch Verstand benötigt. Die Wissenschaft konditioniert uns alle, uns nur auf unsere fünf Sinne und unseren begrenzten Verstand zu verlassen. Warum? Weil man wesentlich leichter zu beherrschen ist, wenn man nicht auf seine Intuition hört und stattdessen im Gefängnis der eingeschränkten Sinneswahrnehmung bleibt.

Die Wissenschaft sagt uns, dass wir nach unserem physischen Ableben "Wurmfutter" sind, während uns die Religion sagt, dass wir danach entweder in die Hölle kommen, oder zu einem strengen Gott, vor dem wir auf die Knie fallen sollen. Auch hier zeigt sich wieder einmal, dass man ein Gefangener des Egos ist, denn man wird nicht frei, indem man eine Zelle verlässt, dafür aber in eine andere geht.

Frei wird man erst, wenn man das komplette Gefängnissystem verlässt. Es ist immer und überall das gleiche Spiel: das Ego geht nach dem altbewährten Motto vor: "Wenn zwei (religiöser und wissenschaftsgläubiger Mensch) sich streiten, freut sich der Dritte (das Ego)". Wenn man von der Religion, die unsere göttliche Herkunft verleugnet und von einem Gott im Außen spricht, zur nächsten dogmatischen Religion namens Wissenschaft wechselt und seine Verantwortung wieder abgibt, indem man sich wieder für einen kleinen, unwichtigen Spielball der Umstände hält, ist man immer noch nicht frei und degradiert sich selbst zu einem kleinen, hilflosen Häufchen Elend, zu einem Opfer höherer Gewalten, welches wie ein Opferlamm eine niedrige und angstvolle Schwingung ausstrahlt. Im Grunde ist die Wissenschaft eine Fortsetzung der religiösen Opferrolle in neuer Verpackung. Es ist genau wie beim Angeln: wenn ein Köder nicht wirkt, benutzt man weitere Köder, die den Fisch in ihren Bann ziehen sollen. Ob nun die religiöse Variante, in der Gott über uns bestimmt, oder die wissenschaftliche Variante, in der der Zufall unser Schicksal ist, beide Betrachtungsweisen bringen uns dazu, ständig eine Angstschwingung zu erzeugen und immer nur an unsere Zukunft zu denken, anstatt bewusst im Hier und Jetzt zu leben.

Die Angst vor dem physischen Tod wird durch die Wissenschaft gefestigt, denn diese glaubt nicht an ein Leben nach dem Zerfall des Fleischkörpers. Wissenschafts-Gläubigkeit ist geprägt vom Blick nach außen, in diesem Fall vom Blick einzig und allein auf den materiellen Körper. Doch wie wir vom Gesetz der Anziehung wissen, sind im Außen lediglich die Wirkungen von zuvor im Inneren gesetzten Ursachen zu beobachten. Deshalb wird die Wissenschaft der Wahrheit niemals auf die Schliche kommen. Wenn man bedenkt, dass das Leben, der Mensch, das Universum und unsere intuitiven Fähigkeiten selbst ein Wunder sind, dann wird schnell klar, dass es Wundern einfach nicht gerecht wird, wenn man sie mit dem Verstand zu erklären versucht, sie zu etikettieren versucht mit Worten, die nicht imstande sind, den Sinn, die Schönheit und die Macht dieser Wunder auch nur annähernd zu beschreiben. Das Leben will nicht gemessen, errechnet oder sonst wie wissenschaftlich erfasst werden, es will nur eins: gelebt werden!!! Wer ZU wissenschaftlich denkt, läuft oft Gefahr, seelisch abzustumpfen.

„Es ist wichtiger, dass jemand sich über eine Rosenblüte freut, als dass er ihre Wurzel unter das Mikroskop bringt." (Oscar Wilde)

„Wissenschaft kann die letzten Rätsel der Natur nicht lösen. Sie kann es deswegen nicht, weil wir selbst ein Teil der Natur -und damit auch ein Teil des Rätsels sind, das wir lösen wollen." (Max Planck)

Wie kalt und menschenfern die Wissenschaft ist, sieht man z.B. deutlich an der Friedensforschung. Frieden ist dafür da, um ausgelebt zu werden, aber doch nicht, um ihn zu analysieren, ihn zu erforschen, ihn zu studieren, als sei er etwas, was der Mensch nicht versteht, nicht begreift, nicht nachvollziehen kann. Frieden ist die Natur unseres wahren Wesens, doch da die meisten Menschen vom Ego kontrolliert werden, hält man es für erforderlich, den Frieden zu untersuchen, so, als sei er etwas Eigenartiges, etwas Befremdliches.

Zudem sorgt ein wissenschaftliches Weltbild dafür, dass man unter Fortschritt nicht an spirituelle Entwicklung denkt, sondern ausschließlich an technologische Entwicklung, so dass man seine spirituell-geistige Entwicklung vernachlässigt. Wer sich ständig nur auf die Technik im Außen verlässt, der verliert eines Tages das Vertrauen in sein Inneres. Angeblich sind wir heute entwickelter als vor 2000 Jahren. Und warum das? Weil wir einen Wasserkocher, elektrisches Licht und Fernseher haben? Wenn man es einmal genau betrachtet, stellt man fest, dass die Menschheit heute viel mehr Kriege führt als vor 1000 Jahren. Wie kann man da noch sagen, wir seien heute entwickelter? Wenn man Entwicklung nur mit dem technologischen Fortschritt gleichsetzt, statt mit dem spirituellen Reifegrad, dann sind wir heute nur darin weiter entwickelter, unsere Menschenbrüder mit moderneren Waffen noch schneller und noch präziser zu töten. Genau so, wie es dem Ego gefällt. Man fragt sich an dieser Stelle, was bei dem unbewussten Systemmenschen noch von dem göttlichen Wesen übrig geblieben ist, das er in Wahrheit ist.

Kurze Zusammenfassung:
Die Wissenschaft schafft ein Weltbild, welches dem Ego gefällt. In diesem Weltbild sieht sich der Mensch als ein kosmisches Zufallspro-

dukt. Die abenteuerliche Geschichte von einem Urknall und der Abstammung vom Affen setzt dem Ganzen die Krone auf. Wir sind also zufällig hier, es besteht kein höherer Lebenssinn und wenn wir sterben, dann sind wir für immer und ewig weg. Na, wenn das keine Angst erzeugt, das Leibgericht des Egos. Verwechseln wir das wahre Leben nicht mit dem Zwang, den man uns derzeit als das wahre Leben verkaufen will.

Verinnerlichen wir uns: Lösen wir das Ego auf, ist unsere Schwingung frei und alles Disharmonische in der „Außenwelt" verschwindet.

ZWISCHENBILANZ

Wenn man sich die Weltsituation ganz objektiv aus einer gewissen Distanz heraus anschaut, dann ist es schon erschreckend, was auf dieser Erde für Zustände herrschen. Wie sich unschwer erkennen lässt, hat das Ego ein System aufgebaut, dass komplett auf Trennung, Furcht und Gier aufgebaut ist, das uns immer ängstlicher, immer roboterhafter und neurotischer macht.

Dieses vom Ego installierte Gesellschaftssystem versucht mit allen Mitteln, dem starren Bildungswesen, der menschenfeindlichen Wirtschaft, den Gewalt verbreitenden Medien, der politischen Zuschauerdemokratie ohne Volksentscheid, der ständigen Trennung und Polarisierung (Hass-Schürung) zwischen den Menschen, der einschüchternden Religion und dem permanenten Zeitdruck sowie dem Kampf ums Überleben, uns auf einer niedrigen Schwingung zu halten. Es ist das Gegenteil von dem, was unser Geburtsrecht ist, was uns zusteht, warum wir eigentlich hier sind. Es ist das Gegenteil dessen, was das Gesetz der Anziehung uns lehrt, nämlich dass wir Schöpfer und Gestalter unseres eigenen, freien Lebens sind. Dieses System lehrt uns nämlich tagein tagaus, dass wir nicht die Macht haben, dass wir machtlos sind und das bitte schön auch bleiben sollen. Es fordert von uns, wir sollen gefälligst akzeptieren, dass wir klein und hilflos sind.

Es gaukelt uns vor, dass das System die Macht hat und wir vom System abhängig sind, ohne das System nicht überleben können. Dieses System dient uns also nicht, es zerstört unser SELBST-Vertrauen. Es ist nur dafür geschaffen worden, um dem Ego auf Kosten unseres Lebensglücks zu dienen. Da werden wir also ständig mit Unwichtigkeiten von unserem Potenzial abgelenkt, da werden wir in der Schule geprägt, statt wahres Wissen vermittelt zu bekommen, da werden die großen Naturgesetze vor uns verheimlicht, da programmiert man uns durch Religionen Schuldgefühle ein und wir sind die Dummen.

"Schauen Sie sich uns doch an. Alles läuft verkehrt; alles ist verdreht. Ärzte zerstören die Gesundheit, Anwälte zerstören das Gesetz; Universitäten zerstören Wissen; Regierungen zerstören Freiheit, die großen Medien zerstören Informationen und Religionen zerstören Spiritualität." (M. Ellner / D. Icke)

Und das ist nur ein Bruchteil dessen, womit uns das System bekämpft, es gibt da noch weitaus mehr: giftige Lebensmittel mit chemischen Zusätzen, pharmazeutische Mittel mit gefährlichen Nebenwirkungen, gefährliche Impfstoffe, die z.B. Quecksilber enthalten, mit Fluorid versetztes Trinkwasser (das laut chinesischen Studien den IQ senkt), krankmachende Strahlenbelastung, die bei manchen Telefonen bereits militärtauglich ist, Chemtrails, die Beschneidung unserer sogenannten Bürgerrechte, süchtig machende Drogen, die man als Genussmittel legalisiert und vieles mehr. Solch eine Gesellschafts"ordnung" hat nicht einen Funken Liebe in sich. Alle beschriebenen Systemsäulen erschaffen Angst, aus der dann alle weiteren negativen Gefühle entstehen. Alle Systemsäulen sind folglich zu 100% ohne LIEBE, kalt und strotzen vor menschenfeindlichen Regeln und Vorschriften. Dies ist nicht verwunderlich, wenn man die Natur des Ego kennt und weiß, dass das Ego Angst und Unzufriedenheit braucht, um überleben zu können. Dafür werden Regeln eingesetzt, die Liebe völlig ausschließen. Wo aber nur einengende Regeln sind, ist für freies Denken und Harmonie kein Platz. Das System verstößt deshalb rücksichtslos gegen jedes nur erdenkliche Prinzip der Harmonie, es produziert dafür Furcht am laufenden Band, ist quasi eine Angst generierende Maschinerie, die zielgerichtet ausschließlich unser Unglück im Sinn hat.

Zusammenfassend lässt sich sagen: wir leben in einem System, das die Menschen unglücklich macht. Einem System, dass ganz gezielt darauf aus ist, uns klein, schwach und zu Opfern zu machen; es will uns voll stopfen mit Zukunftsängsten, Schuldgefühlen, Reue, Verzweiflung und Sorgen, was unsere spirituelle Entwicklung zu freien, bewussten und somit angstlosen Menschen verhindert. Oder anders ausgedrückt: DIESES SYSTEM STRESST UND ÄNGSTIGT UNS! Stress und Angst sind die größten und destruktivsten Störfaktoren, um eine positive Schwingung zu entwickeln. Sind wir gestresst oder haben wir Angstenergie in uns, dann gerät unsere Schwingung aus dem Gleichgewicht. Ist man einmal aus dem Gleichgewicht der Schwingung geraten, wird man krank.

Merkst Du was, geschätzter Leser? Das Ziel eines jeden hierarchischen Systems ist nie, dass es den Menschen im System gut geht oder dass sie ein glückliches Leben führen. Das Gegenteil ist der Fall. Die Menschen sollen das System "am Laufen halten", indem sie wenig denken und immer beschäftigt sind, so dass ihre Unzufriedenheit und ihre Angst dem Ego als Nahrung dienen. Wir sind wie dauergestresste und gezielt überforderte Hamster im Laufrad, die ständig gestresst und mit den verschiedensten Ängsten bombardiert werden, um ja nicht eine eigenständige, positive Schwingung zu erzeugen, wie es von der Natur vorgesehen ist. Das war bei den alten Ägyptern so, bei den Römern, im britischen Weltreich, in Nazi-Deutschland, in der Sowjetunion und auch in heutigen Systemen. Und wie hält man das „gemeine Volk" beschäftigt? Mit Arbeit und mit disharmonischen Freizeit-Ablenkungen. Denn wenn sie einmal Zeit zum Denken hätten, würden sie seeehr schnell begreifen, dass das System sie braucht, sie aber das System nicht brauchen. Jedes humane System dient dem Menschen, doch im Ego-System ist es genau andersherum: wir Menschen dienen dem System, welches uns kaputt macht. Und so ist es nicht weiter verwunderlich, dass kaum ein Mensch sich in diesem System gut aufgehoben fühlt.

Der Naturmensch ist all diesen krank machenden Einflüssen nicht ausgesetzt, folglich „tickt" er auch ganz anders: er ist ruhiger, ausgeglichener, lebt gesünder, sieht Alternativen, ist angstfreier, friedlicher, lebt von innen nach außen, ist im Einklang mit Mutter Erde und hat mehr Liebe und Mitgefühl in sich. Ein echter Mensch sozusagen, so, wie ihn die Natur geschaffen hat, nicht wie der Kunstmensch, den die Zivilisation aus dem Naturmenschen gemacht hat.

Die menschliche Natur und das System, soviel steht fest, sind nicht kompatibel zueinander - sie sind vollkommen unvereinbar. Freiheitsliebende Menschen und ein unfreies System vertragen sich nunmal nicht miteinander, das sollte jedem klar sein. Das System handelt gegen das fundamentale, alles durchdringende, geistige Naturgesetz der Liebe, es handelt gegen die Freiheit und gegen die spirituelle Entwicklung, deshalb muss es verschwinden. Die Menschen innerhalb dieses Systems hungern alle nach Liebe, bekommen aber keine. Alles, was keine Liebe und keine herzliche Wärme ausstrahlt, ist es nicht wert, auch nur ansatzweise wahrgenommen zu werden. Wenn ein System solche Ungerechtigkeiten und Unfreiheiten hervorbringt, dann kann es nicht von liebevollen und bewussten Menschen gelenkt worden sein. Nein, es kann nur von EGO-Menschen gelenkt werden. Ego-Menschen jedoch sind blind und seit wann lässt man „Blinde" fahren?

Ich persönlich habe kein Verständnis dafür, in was für einem entmenschlichten System wir unser Dasein fristen, also werde ich alles tun, um mein Ego aufzulösen. Das Ego-System ist mit allen Makeln ausgestattet, die sich denken lassen, es ist eine einzige Katastrophe ohne jegliche mildernden Umstände, ein Schandfleck auf diesem Planeten. Nimmt man die Glückseligkeit als Maß, ist die derzeitige Situation unhaltbar. Der Sinn des Lebens gerät durch die fehlerhaften Prioritäten dieses gefühlskalten Ego-Systems immer mehr in den Hintergrund, bis er ganz vergessen ist. Lassen wir uns nicht länger an der Nase herumführen. Das System des EGOs hat uns in Sachen wahres Glück nicht weiter gebracht, stattdessen hält es uns in einer Scheinwelt des Glücks gefangen. Freundliche, junge und makellose Gesichter in Zeitschriften, auf Plakaten und im Fernsehen. Wo wir auch hinsehen, das System will uns glauben machen, dass die Welt des EGOs vor Glück nur so strotzt. Dieses System ist, wie Shakespeare sagte, „ein Märchen, von einem Narren erzählt, voller Schall und Wut und ohne Bedeutung." Wie man ernsthaft annehmen kann, dass solch ein chaotisches System das „normale Leben" sein soll, "für das wir geboren wurden", ist mir schleierhaft. Ich persönlich sehe die systemgenerierten Ablenkungen als Störfelder, als Glatteis auf unserem Lebensweg zum Glück. Nur arbeiten, nur funktionieren, nur konsumieren, nur amüsieren – SO geht es nicht.

Ob das vom Ego geschaffene Anti-Lebens-System das Richtige für Dich ist, kannst Du ganz einfach herausbekommen. Stelle Dir einfach folgende Fragen:

Erfüllt mich mein jetziges Leben? Macht es mich glücklich?

Was wünsche ich mir aus tiefstem Herzen? Und sind diese Wünsche erfüllt?

Wie oft lache ich am Tag? Oft oder zu selten?

Würde mir ein System ohne Druck und Angst besser gefallen?

Meint es das System mit uns Menschen gut?

Bringt mir das System Liebe und Harmonie entgegen?

Fühle ich mich wirklich frei in diesem System?

Glaube ich daran, dass DIESES System eines Tages vollkommen krisenfrei wird? Oder IST dieses System selbst die Krise?

Die alles entscheidende Frage lautet: wie verlässt man dieses antinatürliche System, dieses Geflecht aus immerwährender Trennung, unzähligen Unfreiheiten und Begrenzungen, was tut man gegen dieses Irrenhaus der Angst und des (Selbst-) Zweifels, geprägt von krank machendem Druck jeglicher Art? Es reicht sicher nicht, hier und da etwas am System des Egos zu ändern und sich mit oberflächlicher Problembehandlung zu begnügen, nein, der Fisch stinkt vom Kopf her, man muss an die Ursache ran, das Ego muss aufgelöst werden, damit wieder humane Lebensbedingungen existieren und wir ungestört ein glückliches Dasein manifestieren können!

Es bringt auch nichts, gegen diese vom System geschaffenen Ungerechtigkeiten mit Wut vorzugehen. Denken wir hierbei an das Gesetz der Anziehung: wenn wir **gegen** etwas sind, dann verstärken wir es damit durch unsere Aufmerksamkeit ebenso sehr, wie wenn wir **dafür** wären. Das Ego zu bekämpfen macht es nur stärker. Bekämpfen wir etwas, werden wir schlussendlich selbst zu dem, was wir bekämpfen und erhalten es somit am Leben. Man kann das Ego-System gar nicht ernst nehmen. Wozu etwas bekämpfen, was ein einziger großer Witz ist? Wenn wir unsere Aufmerksamkeit aber davon abziehen, löst es sich mit der Zeit unweigerlich auf, da es keine Energie, keine Nahrung mehr erhält. Und ohne Energie kann es nicht länger existieren. Also entziehen wir einfach allem unsere Aufmerksamkeit und somit unsere Energie, was uns disharmonisch macht. Identifiziere Dich nicht mit dem System, beschäftige Dich nicht mit dem System, auch wenn ich es so ausführlich beschrieben habe, schenk dem System NULL Aufmerksamkeit, verbanne das System aus Deinem Kopf, und bald wird es kein Bestandteil DEINES Lebens mehr sein.

Eines sollten wir bei der ganzen Angelegenheit niemals vergessen: Tatsache ist, dass man all das nicht mit uns macht, sondern dass wir es mit uns machen lassen. Ja, wir lassen es zu, weil wir nur allzu bereitwillig die Verantwortung an andere Menschen und Institutionen abgegeben haben. Das Ego-System ist wie ein hundsmiserabler Kinofilm, welcher sein Eintrittsgeld nicht wert war. Aber niemand hat uns gezwungen, ihn anzuschauen. Schließlich ist jeder seines eigenen Schicksals Schmied, jeder erschafft sein eigenes Leben. Wir sind also alle selbst dafür verantwortlich, was mit uns passiert und nicht irgendwer in der „Außenwelt", die eh nur ein Spiegel unseres Inneren ist. Dieses grausame Ego-System ist nur das Echo unseres Inneren. Unsere Gedanken und Gefühle haben es erschaffen. Zwar unbewusst, da wir uns gar nicht über die Macht unserer Gedanken und Gefühle bewusst waren, aber nichtsdestotrotz sind wir dafür verantwortlich und darum obliegt es auch uns allen, es in ein glücklich machendes System zu transformieren, indem wir unser Ego auflösen. Wir sollten uns auf unserem weiteren Weg immer wieder selbst an folgende unumstößliche Wahrheit erinnern: je mehr das Ego abgebaut wird, desto mehr Glück strömt in unser Leben.

Grundsätzlich kann man dem Ego, in dessen Dienst der Intellekt steht, für diese Politik nicht böse sein, denn es hat tatsächlich viel zu verlieren. und so ist ihm ein gewisser Widerstand nicht zu verdenken.

Alles, was Du bisher gelesen hast in diesem Buch, geschätzter Leser, sollte Dir vor Augen führen, wer Du bist, wie die Beschaffenheit des Universums ist, was Du alles mit Deinen Gedanken und Gefühlen bewirken kannst, dass Du eine Intuition hast und dass Dein Ego Dich davon abzuhalten versucht, glücklich zu sein und welche Mittel es dazu einsetzt. Alles nützliche und wertvolle Informationen, die man sich täglich in Erinnerung rufen sollte. Nun kommen wir zum praktischen Teil des Buches, den Tipps für eine bewusste Lebensweise.

BEWUSST LEBEN

Buddha lehrte das bewusste Leben. Bewusstes Leben lässt sich in einem einzigen Satz ausdrücken:

„Behandle alle so, wie Du selbst auch gerne behandelt werden möchtest."

Vergessen wir nie, was uns das Gesetz der Anziehung lehrt: alles, was wir innerlich sind, spiegelt sich in der äußeren Welt wider. Die unglücklichen Zustände auf der Welt zeigen uns deutlich, dass wir in uns noch viel zu verändern haben. Es bringt also nichts, wenn wir uns motiviert aufmachen, im Außen etwas zu verändern, solange wir unser Bewusstsein noch nicht verändert haben.

Es ist notwendig, ein unabhängiges, liebevolles und ausgeglichenes Bewusstsein zu fördern, da man nur durch solch ein mächtiges Bewusstsein das Ego auflösen kann. Bewusst leben ist die fundamentalste Voraussetzung, um überhaupt glücklich sein zu können. Ohne

Bewusstheit braucht man sich keinerlei Hoffnungen auf Glück zu machen.

Was bedeutet das eigentlich, bewusst zu leben? Es drückt aus, dass man weiß, was man macht, warum man es macht, dass man es von sich aus macht, also freiwillig, dass man sich selbst und seine Fähigkeiten kennt, dass man die Gesetze des Universums kennt und das Leben auch wirklich zu leben weiß. Dazu gehört auch das Erkennen von Ursache und Wirkung. Schenken wir dem Leben keine Beachtung, wird uns das Leben auch keine Beachtung schenken. Haben wir kein Respekt vor dem Leben und leben nur für unser Ego, wird das Leben uns auch nicht mit Respekt behandeln. Man denke nur einmal an die nordamerikanischen Indianer, die sich selbst bei einem erlegten Büffel bedankten, dass er ihnen als Nahrungsmittel dient, bevor sie ihn verzehrten. DAS ist eine bewusste Lebensart, DAS ist aktive Kommunikation mit der Schöpfung.

In der vom Ego geschaffenen Gesellschaft hingegen werden wir durch ständigen Zeitdruck daran gehindert, das Leben bewusst zu spüren. Schon in frühesten Kinderjahren wird uns beigebracht, wir sollen nicht herumtrödeln, wir sollen uns an bestimmte Zeiten halten, wir sollen uns beeilen und keine Zeit verlieren. „Beeil dich mit dem Essen, wir müssen in die Schule", wird z.B. von einem Kind verlangt. Doch das Kind, welches noch nicht so sehr mit der materiellen Welt verwachsen ist, wie es die Erwachsenen sind, will sich nicht beeilen, es will stattdessen die Welt erleben, den gegenwärtigen Moment fühlen, das eigene Sein bewusst wahrnehmen – und so etwas geht nicht, wenn man es eilig hat oder in Gedanken schon ganz woanders ist. Kleinkinder haben noch keinen allzu großen Kontakt zu Medien, Politik, Religion, Wirtschaft, Wissenschaft und Schule, die alle eine unbewusste Lebensart fördern. Darum sollten wir alle mehr wie die Kinder und weniger wie typische Erwachsene sein.

Das Gegenteil von Bewusstheit ist Unbewusstheit. Aus Unbewusstheit erwächst Angst. Ohne Angst wäre eine Ego-Welt undenkbar. Alles gründet im Ego-System auf Angst. Die Angst vor dem Verlust des Arbeitsplatzes lässt die Menschen die albernsten Dinge tun. Mit Angst kann die Politik die Wählerschaft beliebig manipulieren. Aus

Angst vor Versagen, schlechten Noten und dem Alleinsein begehen jährlich viele Menschen Selbstmord. Angst lähmt, lässt keinen Mut zu und erstickt Kreativität und freies Sein.

Nur Bewusstheit erfüllt uns, nur Bewusstheit befreit uns von der Angst. Der Verstand und die Intelligenz können uns nicht wirklich helfen. Oft wird das allergrößte Unheil auf Erden von gebildeten und intelligenten Menschen verursacht. Und wieso? Weil sie zwar intelligent, jedoch unbewusst sind. Intellekt kombiniert mit Unbewusstheit ist extrem gefährlich. Etwa so, wie wenn ein Kind mit einer geladenen Pistole spielt. Intelligenz kann nur dann positiv eingesetzt werden, wenn Bewusstheit vorherrscht. Angesichts der heutigen Weltsituation scheint Bewusstheit in Politik, Wirtschaft und Religion Mangelware zu sein.

Die meisten Menschen kennen das Gefühl der Bewusstheit, allerdings nur kurz und immer noch nicht so vollständig, wie es durch eine vollständige Bewusstheit erreicht werden kann. Und zwar kennen sie dieses schöne Gefühl durch den Orgasmus. Auch beim Orgasmus sind wir „voll da" und unser Fokus schweift nicht ab, ist im Hier und Jetzt. Ein Verhaltensforscher sagte mal: "Das Einzige, was Menschen bewusst tun, sind Sex und schlafen. Alles andere tun sie unbewusst, denn sie sind nie voll bei der Sache. Ständig entgleiten ihnen ihre Gedanken und sie denken an ganz was Anderes. Doch nur, was man bewusst tut, erfüllt uns mit Glück."

Unbewusst lebende Menschen leben zwar mit uns unter demselben Himmel, aber ihr Bewusstsein ist anders. Sie laufen als ein vom Ego programmierter Datenträger durchs Leben, verschließen ihre Augen vor der Wahrheit und wundern sich, dass sie nicht glücklich sind. Sie leiden an Abhängigkeitsneurosen, blicken ausschließlich auf die äußere Welt und die Lehren anderer, und machen sich abhängig von Religion, von materiellem Besitz, vom Lebenspartner, von Vater Staat, von Ärzten, von allerlei äußeren Lebensumständen. Sie glauben an einen Zufall, der ihnen die Eigenverantwortung abnimmt und haben ein mangelndes Interesse an allem, was mit Bewusst-SEIN zu tun hat. Sie sehen das Leben nicht als Kreislauf, sondern denken, dass sie aus dem Nichts kamen und irgendwann wieder nichts werden. Deshalb haben sie einen tierischen Bammel vor dem physischen Tod, den sie völlig missverstehen. Sie rennen ihr ganzes Leben lang in der Außenwelt vergänglichen Dingen nach, die sie nur kurzweilig befriedigen, ihr Verlangen aber niemals ganz stillen. Sie sehen sich als getrennt von allem anderen und kämpfen gegen zig Sachen (Gewicht, Alter, Haarausfall usw.), anstatt für das Gute zu leben. Sie sind systemhörig und ihre Religion ist Geld, ihr Ratgeber die Medien und ihr Gott die Wirtschaft. Sie erleben immer wieder die gleichen Dinge und merken es nicht einmal. Sie setzen eine destruktive Ursache und ernten destruktive Wirkungen - und sehen trotzdem die Zusammenhänge nicht. So kann es vorkommen, dass sie ständig schlechte Erfahrungen in ihren Beziehungen machen, weil sie mit ihrer Schwingung immer die gleiche „Sorte" Partner anziehen. Sie lieben für gewöhnlich nur, wenn sie im Gegenzug auch etwas dafür erhalten. Im Grunde kennen sie keine wirkliche Liebe, denn Liebe stellt keine Bedingungen und keine Forderungen. Oder sie ziehen Krankheiten oder auch finanzielle Schwierigkeiten ins Leben. Kurzum: sie sind die Puppen, während ihr Ego der Puppenspieler ist und sie in seinem Puppentheater von einem Unglück ins nächste dirigiert.

Nichtsdestotrotz werden auch alle unbewusst lebenden Menschen früher oder später wertvolle Erfahrungen machen und mit ihnen wachsen. Es dauert halt nur etwas länger und wird vermutlich auf die harte Tour geschehen (durch Lebenskrisen, die zu einem Umdenken fordern).

Wenn man sich darüber bewusst ist, wieso Probleme im Leben auftauchen, dann kann man sie konstruktiv auflösen und es besteht nicht der geringste Grund, wütend zu sein oder sich über andere Menschen aufzuregen. Es würde einfach keinen Sinn machen. Stattdessen würde man an seiner Ursachensetzung arbeiten, damit auch die Wirkungen immer besser werden.

Was ist für einen Menschen auf dem Weg der Bewusstseinsentwicklung wohl das Allerwichtigste? Sich selbst nicht so wichtig nehmen. Nur das Ego nimmt sich selbst wichtig, wohingegen unser wahres Wesen dies nicht nötig hat. Würde ein Sonnenaufgang damit prahlen, wie schön er aussieht? Oder eine Rose? Oder ein Delphin? Nein.

Wozu auch? Sie sind sich ihres Selbst bewusst Warum also sollte unser wahres Wesen mit seiner Göttlichkeit prahlen, wo sie doch eine Selbstverständlichkeit ist!?!

Je bewusster und egofreier ein Mensch wird, desto weniger reizt ihn die Außenwelt mit all ihrem Wahnsinn, denn er versteht von innen heraus. Lebt ein Mensch bewusst, benötigt er keine Beweise, um sich würdig zu fühlen, denn er hat die Opfermentalität abgelegt. Er ist dann wie die Natur, die sich auch nicht eine einzige Sekunde darüber Gedanken macht, ob sie gut aussieht oder nicht. Bewusst leben bedeutet sich seines Selbst bewusst sein, also selbstbewusst zu sein. Das Ego ist sich seines Selbst nicht bewusst, es ist nur eine Illusion, eine Selbsttäuschung, es hat gar kein Selbst. Es benötigt deshalb ständig Bestätigung durch andere. Bewusst lebende Menschen haben kein Verlangen nach Macht, sie wollen andere Menschen nicht beherrschen und sie versuchen auch niemanden von etwas zu überzeugen, weil sie selbst keiner Überzeugung mehr bedürfen. Sie fühlen sich anderen weder über-, noch unterlegen, sie fühlen sich weder über-, noch unterschätzt. Sie benötigen kein Lob und keinen Beifall, sie fürchten sich nicht (wovor sollte man sich auch fürchten, wenn man unsterblich ist) und erfreuen sich am Leben. Sie wissen, dass am Ende immer alles gut wird und vertrauen sich selbst.

Bewusstheit macht Dich zu dem Menschen, der Du wirklich bist bzw. der Du warst, bevor Du Dich selbst vergessen hast.

Es ist menschlich gesehen ganz normal, sich etwas zu wünschen. Die alles entscheidende Frage ist immer, wer oder was gerade zu uns spricht? Der vom Ego kontrollierte Verstand oder unser Intuition, unser sechster Sinn, unsere Bewusstheit? Wie erkennt man, ob das Ego hinter unserem Wunsch steht? Immer wenn das Gefühl in uns auftaucht, an etwas festhalten zu wollen, sei es eine Beziehung, materielle Gegenstände oder das Scheingefühl der Sicherheit, dann handelt es sich um einen Ego-Wunsch. Das Ego will etwas HABEN, als Ersatz für ein glückliches Sein. Das universale Bewusstsein muss nichts haben, denn es ist ein Teil der Ewigkeit. Unsere Intuition arbeitet nicht auf der kümmerlichen Basis der menschlichen Logik. Unser Verstand z.B. würde sagen: Geld besitzen und reich sein ist gut und richtig, kein Geld besitzen und arm sein ist schlecht und falsch. All dieses Denken vollzieht sich innerhalb des Ego-Rahmens und hat mit unserer Intuition nichts zu tun. Haben wir kein Geld und sind bettelarm, so fühlt sich das Ego bedroht und wir empfinden dadurch mehr oder weniger Trauer und Schmerz, doch auf einer höheren Ebene, nämlich der unseres Lebensplans, kann sich Armut womöglich positiv auswirken für unsere Bewusstseinsentwicklung. Man erkennt die Intuition daran, dass man trotz beängstigender Lebensumstände (Unfall, Krankheit, Verlust eines geliebten Menschen, Arbeitslosigkeit ...) wider aller Logik ruhig, besonnen und harmonisch bleibt. Irgendetwas in uns flüstert uns zu, dass alles in bester Ordnung ist, und dass kein Grund besteht, um sich zu fürchten. Wenn das Ego die Kontrolle hat, dann werden solche Phasen sehr negativ aufgenommen, es wird viel geweint und geflucht, es schmerzt und treibt einen an den Rand der Verzweiflung, doch nachdem man alles überstanden hat, zeigt sich im Nachhinein, dass man durch solche Krisen meist eine Bewusstseinsentwicklung durchlebt hat und danach nicht mehr derselbe ist wie zuvor. Und warum? Weil man trotz oder gerade wegen der schweren Umstände seinen wahren Wünschen und seinem Lebensweg näher war als zuvor. Und nur darauf kommt es an.

Seien wir bewusst in allem, was wir tun. Stelle Dir den Genuss eines saftigen Apfels vor, ohne Zeitdruck, ohne Gedanken an morgen, stattdessen wird jeder einzelne Bissen genossen. Es gibt Menschen, die zuletzt als Kinder bewusst am Leben teilgenommen haben, seitdem nicht mehr. Glück ist nicht länger ein weit entferntes Ziel. Es ist in JEDER Tätigkeit, wenn man sie bewusst macht. Je bewusster wir sind, desto mehr denken wir an die Bedürfnisse des Universums, statt nur auf die vom Ego formulierten Wünsche. Je bewusster ein Mensch ist, desto weniger sucht er nach dem richtigen Weg. Ein bewusster Mensch IST der Weg.

VERANTWORTUNG

Wieso denken manche Menschen, dass das System besser weiß als sie selbst, was gut für sie ist? Schon immer hat das Gesellschaftssystem, in das die meisten Menschen von uns hineingeboren wurden, uns dahingehend erzogen, dass wir uns um das Wohl der Welt nicht zu kümmern bräuchten. Die Einstellung der meisten Menschen lautet: "Das soll jemand anderer machen. Ich möchte dafür nicht verantwortlich sein." Wir haben es in den vorangegangenen Kapiteln zur Genüge gesehen. Ob Religion, Politik oder Wirtschaft, alle Ego-Erfindungen verleiten uns dazu, die Eigenverantwortung abzugeben. Wir wurden zu Passivität erzogen, führten ein Leben auf Autopilot, da uns stets eingetrichtert wurde, dass es für jedes Problem eine Organisation mit sogenannten Experten gibt, die sich um dieses Problem schon kümmern werden. Uns allen wird im EGO-System seit Kindesbeinen an beigebracht, was gut und was schlecht, was richtig und was falsch ist - ob es sich dabei um bestimmte Menschen, Nationen, Gesellschaftssysteme, Tiere, Pflanzen oder Religionen handelt. Das, was von uns verlangt wurde, war, sich anzupassen, indem man arbeiten geht, seine Steuern pünktlich zahlt, viel konsumiert und dadurch die Wirtschaft am Laufen hält, und den Experten blind vertraut. Selbstständig denken, sich in Regierungsangelegenheiten einmischen, Selbstinitiative zeigen, bestehende Normen hinterfragen, Eigenverantwortung übernehmen und aktiver leben wurde uns nicht anerzogen, weil es unerwünscht war. Doch wenn ich ein Schöpfer bin, ein Wesen mit der Fähigkeit, Materie zu formen, seine Realität mit bloßen Gedanken zu erschaffen, ausgestattet mit einer untrüglichen und unbestechlichen Intuition, die uns immer zu unserem persönlichen Glück führt, warum um Himmels willen soll ich mir von irgendwem sagen lassen, was richtig und was falsch ist? Aufgrund welchen Maßstabes kann mir jemand sagen, dass etwas gut oder schlecht ist? Wie soll das jemand wissen, wenn nur meine Intuition es weiß?

Durch all diese vorgefertigten Meinungen hören wir kaum noch auf unsere eigene Intuition. Stattdessen werden wir zu einem Wesen, welches nur auf die Kommandos anderer reagiert.

Es ist doch so: wir werden nicht vom Ego beherrscht, wir LASSEN ZU vom Ego beherrscht zu werden. Wir werden vom Ego nicht in die Irre geführt, wir LASSEN zu vom Ego in die Irre geführt zu werden. Wir werden vom Ego nicht verwirrt, wir LASSEN ZU vom Ego verwirrt zu werden. Kaum ein Mensch hat sich verinnerlicht, dass nur er selbst die Verantwortung und somit die Macht über sein Leben hat - und solange er das nicht getan hat, wird das EGO Macht über sein Leben haben.

Diesen Satz solltest Du Dir sehr genau verinnerlichen. Folgendes aktuelle Beispiel möge das verdeutlichen: Jahrzehntelang haben die Menschen ihren Banken und ihren Regierungen blind vertraut. Sie gaben die Verantwortung bereitwillig ab und somit auch ihre Macht. Das Ergebnis ist allseits bekannt: Das Vertrauen wurde enttäuscht, aus der anfänglichen Bankenkrise wurde eine Weltwirtschaftskrise, die mehr oder weniger jeden Menschen dieser Welt betrifft und sehr bald zu einer Sozialkrise werden kann. Ich nenne es das Titanic-Syndrom. Anhand dieses Beispiels sieht man ganz deutlich, wie die passiven Menschen, die von Eigenverantwortung nichts wissen wollen, ihre Verantwortung an Dritte (an „Experten") übergaben und ihnen blind vertrauten. So wie viele Menschen jahrelang fest davon überzeugt waren, dass dieses System nicht untergehen kann, so glaubten das auch viele unbewusste Menschen auf der Titanic. Sie waren aufgrund ihrer Unbewusstheit nicht einmal in der Lage, die Information, dass das Schiff gerade sank, zu verarbeiten. Es fehlte ihnen das erforderliche Bewusstsein. Das System und die Titanic lassen sich hervorragend miteinander vergleichen. Beide hielten sich für unzerstörbar und beide dachten fälschlicher Weise, sie seien der Natur überlegen. Typisch EGO, kann man dazu nur sagen. Ebenso wie die Titanic mehrere Funksprüche anderer Schiffe erhielt, die sie vor ihrem selbstherrlichen Kurs Richtung Eisberge warnten, erhielt auch die vom Ego kontrollierte Menschheit in Form verschiedenster Weltenlehrer und Prophezeiungen Warnungen, den Kurs zu ändern. Jeder Mensch kann ihn jederzeit für sich selbst ändern. Denken wir hierbei an das Gesetz der Anziehung. Alles, was man ausgesandt hat, bekommt man eines Tages zurück. Und nun ist es für viele soweit.

Das Ego schiebt die Verantwortung immer auf andere. Der Lehrer macht die Schüler für sein Leiden verantwortlich und die Schüler machen den Lehrer für ihr Leiden verantwortlich. Es zeugt von erheblicher innerer Reife, Selbstverantwortung und bewusstem Leben, wenn man einen jeglichen Misserfolg im eigenen Leben als Zeichen dafür wahrnimmt, seine eigene Schwingung zu erhöhen, als sie durch Schuldzuweisungen und Opferdenken noch niedriger zu machen. Nimm das Steuerruder endlich in die eigenen Hände, anstatt zum Thema Eigenverantwortung auf Distanz zu gehen, denn das macht Dich frei vom Ego. Alle wollen frei sein, aber kaum einer ist wirklich bereit, die Verantwortung über sein eigenes Leben zu übernehmen. Die Voraussetzung für wahre Freiheit sind Mut und Verantwortung. Um frei zu werden, muss ich mutig sein. Und wenn ich einmal frei bin, bin ich auch verantwortlich für mich selbst.

Ego-Menschen haben eine ganz schlechte Eigenschaft: da sie sich in Gegenwart groß denkender Menschen schwach und unwohl fühlen, versuchen sie den groß denkenden Menschen klein zu machen. So klein eben, wie sie es selbst sind. Sie sind im Gegensatz zu den groß denkenden Menschen nicht bereit, die Verantwortung über das eigene Leben zu übernehmen. Die größten Gegner der Freiheit sind nicht die Herrscher, sondern die (geistigen) Sklaven, die gerne Sklaven bleiben wollen, weil sie sich vor der Eigenverantwortung fürchten. Willst Du so ein Sklave sein?

„Die glücklichen Sklaven sind die erbittertsten Feinde der Freiheit."
(Maria von Ebner-Eschenbach)

Die meisten Menschen sind gerade dabei zu erwachen und begreifen allmählich, dass sie die Verantwortung für ihr Leben nicht an Andere übergeben sollten, sondern diese Verantwortung selbst übernehmen müssen. Die Suppe, die wir uns selbst eingebrockt haben, müssen wir schon selbst auslöffeln. Sobald einem Menschen BEWUSST geworden ist, dass es in seiner Verantwortung liegt, für seine Welt zu sorgen, sein Leben glücklich zu leben und das Ego-kontrollierte Denken aufzulösen, hat sich sein Bewusstsein gehörig erweitert. Er gehört mit dieser Einsicht nicht länger zu den (noch) unbewusst vor sich hin lebenden Menschen, die jegliche Wahrheiten wegen eines unangenehmen Gefühls von sich wegschieben. Wenn jemand bewusst geworden ist, hat er keine Angst vor der Wahrheit und keine Angst vor der Verantwortung.

Ängstliche Menschen scheuen die Verantwortung und begrüßen es sogar, von anderen Menschen gelenkt zu werden. Sie bevorzugen es, andere für sich denken, entscheiden und gebieten zu lassen. Und wenn Milliarden Menschen ihre Verantwortung abgeben, dann entscheiden einige wenige Köpfe über das Schicksal zahlloser unselbstständiger und unmündiger Menschen, und da verwundert es nicht, dass es zu der in Rede stehenden Krise kommen konnte. Die Eigenverantwortung darf man niemals abgeben, denn dadurch macht man sich abhängig und lebt fremdbestimmt. DAS ist es, was schief läuft auf unserer Welt. Und nur deswegen können Krisen entstehen.

Der Mensch ist geboren worden, um sich selbst zu folgen, nicht um andere Menschen anzuhimmeln. Machen wir aus anderen Menschen keinen Mythos, selbst dann nicht, wenn sie etwas Großes vollbracht haben. Ein Mensch ist ein Mensch. Alle Menschen kommen aus derselben Quelle und keiner ist besser als der andere. Auch ein Atom ist nicht besser als ein anderes Atom. Kein Atom fühlt sich vor einem anderen Atom klein und unbedeutend, so dass es ihn zu seinem Meister macht und ihm blind hinterher läuft. So funktioniert bewusstes Leben nicht. Erst wenn wir beginnen mutig unser Leben in die eigenen Hände zu nehmen und unsere eigene, oberste Autorität zu sein, sind Änderungen im eigenen Leben möglich. Erst wenn wir eigenverantwortlich leben, leben wir ohne Angst und ohne Mauern, die das Ego um uns herum gebildet hat. Machen wir also andere Menschen (sogenannte Experten) nicht zu unseren Göttern, denn dabei übersehen wir unsere eigene Göttlichkeit. Je eigenverantwortlicher Du lebst, geschätzter Leser, desto mehr befreist Du Dich vom lästigen Ego.

DAS PHÄNOMEN GLÜCK

Es gibt Abermilliarden verschiedenster Wünsche auf der Welt und ganz egal, was man sich auch wünscht, eins ist klar: verfolgt man jeden Wunsch der Welt bis zu seinem Ende, stellt man fest, dass alle Menschen sich nach Glück sehnen. Genau wie ein Leichtathlet beim 100-Meter-Rennen, der sein Ziel stets fest im Blick behalten muss, können auch wir ohne Umwege zu unserem Lebensglück gelangen. Und nur ganz selten ist dieses tatsächlich materieller Natur. Selbst wenn Du jetzt vielleicht der Meinung bist "Mein größter Wunsch ist ein besser bezahlter Job", verbirgt sich dahinter vor allem der Wunsch nach einem inneren Zustand der Glückseligkeit. Ob die Wünsche materieller oder spiritueller Natur sind, ob es der Wunsch nach mehr Liebe oder mehr Sex, nach mehr Geld oder nach mehr Gesundheit ist, der Zustand, den wir uns dadurch wünschen, ist immer ein Zustand, der uns glücklich machen soll.

So abwegig es auch klingen mag, aber selbst ein Mensch, der Selbstmord begeht, wünscht sich von einem Zustand, der ihn unglücklich gemacht hat, in einen glücklicheren Zustand zu gelangen. Leider verwechseln solche Menschen das wahre Leben mit dem Zustand, der uns jetzt womöglich unglücklich macht. Wie dem auch sei, unser ganzes Leben ist bestimmt von der Suche nach Glück.

Der Leidensweg fängt in dem Moment an, in dem man versucht, das Glück in der äußeren Welt zu finden. Es ist eine unendliche Reise und sie führt zu keinem positiven Ergebnis. Denn wo etwas nicht ist, da kann es auch nicht gefunden werden, egal wie lange man danach sucht, was man alles kauft und was man alles ausprobiert. In der Außenwelt werden wir in Sachen Glück NIEMALS fündig werden, da sie nur ein Spiegelbild unseres Inneren ist. Ich kann wochenlang vor meinem Spiegelbild stehen und darin vergeblich nach einem lächelnden Gesicht suchen. Das Lächeln kann ich nur dann erzeugen und finden, indem ich IN MIR etwas bewirke.

Glücksforscher haben festgestellt, dass Glück eine private, eine innere Angelegenheit ist. Es gibt keinen konkreten Zusammenhang zwischen den eigenen objektiven Lebensumständen und der menschlichen Fähigkeit, glücklich zu sein. Folglich kann ein jeder Mensch glücklich sein, denn jeder entscheidet selbst darüber. Glück hat demnach überhaupt nichts mit der physischen Welt zu tun, denn die physische Welt ist vergänglich.

Glück ist ein SEINS-Zustand, Glück kommt aus uns. Es war immer schon in uns. Es ist unser natürlicher Zustand. Wir sind von Natur aus glücklich, denn wer wäre das nicht, angesichts seiner Göttlichkeit? Durch das Ego jedoch haben wir unsere Herkunft vergessen und stattdessen gelernt unglücklich zu sein. Im Grunde sind nicht WIR unglücklich, sondern unsere Scheinidentität, das Ego. Wer innerlich glücklich ist, weil er er selbst ist, der wird in einer Scheune das Leben mehr genießen, als jemand, der unglücklich ist, aber in einer Luxusvilla lebt. Ein bewusst lebender Bettler hat mehr vom Leben als ein Kaiser, der unbewusst lebt.

Ist es wirklich wichtig, ob Du so reich wie Rockefeller, so populär wie George Clooney oder ein Sport-As wie manch ein berühmter Fussballer wirst? Machst Du Dein Glücksempfinden davon abhängig? Alle diese Umstände mögen eine Basis für ein kurz anhaltendes Glücksgefühl bilden, machen aber kein echtes Glück aus. Ein gewöhnlicher Schuster, eine Reinigungskraft oder ein Fahrkartenverkäufer können WESEN-tlich glücklicher sein, weil sie etwas machen, was ihrem Wesen entspricht, was sie mit Freude erfüllt. Es ist egal, ob Du Bundeskanzler oder Reinigungskraft bist. Worauf es ankommt, ist, ob Du Dein Leben so lebst, wie DU es willst, nicht wie Dein Ego es will. Wenn Du Dich voll und ganz ausgefüllt fühlst, so sehr, dass Du mit keinem Menschen der Welt die Rollen tauschen willst, dann hast Du wahres Glück erlebt. Der Schlüssel zur Unsterblichkeit ist ein Leben gelebt zu haben, an das man sich erinnert.

Das Glück findet man selten im Außergewöhnlichen, mehr in den gewöhnlichen Dingen des Alltags. Wenn Menschen einen materiellen Erfolg nach dem nächsten erreichen, stellen sie irgendwann unweigerlich fest, dass all das nicht ausreicht, um sie zu erfüllen. Wie viel Erfolg oder finanziellen Reichtum jemand hat, sagt noch lange nichts über das Maß seiner Freude aus. Irgendwann entdecken sie, dass es da viel mehr geben muss, als eine Villa, viel Geld, Schmuck, teure

Autos, Yachten und Flugzeuge. Und dann machen sie sich auf die spirituelle Suche. Man denke dabei nur an einen bekannten Hollywood-Schauspieler, der engen Kontakt zum Dalai Lama pflegt.

FÜHLST DU DAS LEBEN?

"Leben heißt eigentlich erleben." (Bruno H. Bürgel)

"Do less - be more!" (Osho)

Ich habe oft erlebt, dass Menschen zig Bücher über das Gesetz der Anziehung gelesen haben und dass es ihnen mehr darum geht, ihr THEORETISCHES Wissen zu präsentieren, es intellektuell tot zu reden, als es mit viel Gefühl anzuwenden und zu LEBEN. Das liegt u. A. daran, dass in unserer wissenschaftlich geprägten und "verKOPFten" Kultur Gefühle einen geringen Stellenwert in unserem Alltag einnehmen. Bei Naturvölkern sieht das ganz anders aus, denn diese sind mittels ihrer Intuition mit dem Leben direkt verbunden. Dort herrschen nicht der vom Ego gesteuerte Kopf und der gefühlskalte Verstand, sondern das Herz, welches nicht zulässt, dass das Fühlen zum Denken wird. Dort wird das Leben gefühlt bzw. fühlend erlebt und nicht wie in der Zivilisation gedacht bzw. denkend wahrgenommen. Und bezeichnender Weise haben Naturvölker nicht die globalen Probleme verursacht, die die Menschheit heute bedrohen. Nein, das waren die angeblich so hoch gebildeten Gesellschaften mit all ihren Bildungsgenies; die Gesellschaften, die größtenteils dem Ego verfallen sind, die immer mehr haben wollen auf Kosten von anderen und auf Kosten von Mutter Erde.

Das Ego giert nach Aufmerksamkeit, wie wir wissen. Und deshalb hat es den Verstand geschaffen, wohl wissend, dass Du Dich stets an ihn wenden wirst, um Probleme zu lösen oder Dir ein Geschehen erklären zu lassen. Damit hat das Ego Dich im Griff und hat dafür gesorgt, dass Du Deine Intuition vernachlässigst. Um das Leben mit dem Herzen zu erfahren, bedarf es einer höheren Perspektive, doch gerade der Verstand hat die niedrigste Perspektive, die es überhaupt gibt.

Das Ego ist begrenzt und der Verstand ist etwas, das aus dem Ego hervorgegangen ist. Er wird dafür eingesetzt, Deine innere Ruhe zu stören, indem er Dich Dein ganzes Leben lang mit den unterschiedlichsten Gedanken bombardiert. Der Verstand ist der Ursprung aller Sorgen, aller Angst, aller Unruhe. Entweder es herrscht innere Ruhe, dann ist der Verstand ausgeschaltet. Oder der Verstand macht weiterhin Lärm, doch dann herrscht keine innere Ruhe, kein innerer Frieden. Wenn Du zu Dir selbst zurückkehren willst, dann steht das Denken Dir dabei im Weg.

So klug jemand verstandesmäßig also auch sein mag, er ist absolut eingeschränkt und lebt weit unterhalb seines wahren Potenzials. Der Verstand selbst ist nämlich nur ein Zweirad, während das Herz ein Düsenjäger ist. Somit hinkt jeder Bildungsmensch ohne Herzqualitäten einem Intuitionsmenschen mit Herzqualitäten weit hinterher. Der Verstand kann niemals unsere Existenz begreifen. Alle großen Wahrheiten entziehen sich in Wirklichkeit einem intellektuellen Verständnis. Wir werden sie nur verstehen, wenn wir unsere innere Stimme, die mit der Sprache der Gefühle mit uns kommuniziert, wahrnehmen.

Unser wahres Wesen ist OHNE Verstand – es ist unermesslich, unendlich und unbegrenzt. Der Verstand ist wie eine Zwangsjacke, die wir uns überstülpen und die uns einschränkt, die uns schwächer macht, die unsere Möglichkeiten begrenzt. Und damit das so bleibt, gilt im Ego-System nur das als wahr, was der Verstand erklären kann. Das Ego gibt also seinem Werkzeug, dem Verstand, das alleinige Recht zu bestimmen, was wahr ist und was unwahr ist - eine absolute Monoplstellung. Dabei ist der Verstand selbst die Begrenzung. Er ist gleichzusetzen mit einem Blinden, der die Existenz der Farbe beweisen soll. Da er es NICHT KANN, geht er dazu über, die Existenz der Farbe abzustreiten.

Der Verstand verlässt sich auf äußere Dinge wie Messergebnisse, materielle Beweise, Zahlen und Formeln und wissenschaftliche Logik, während die Intuition es sich nicht so schwer machen muss, sie WEISS einfach die Wahrheit.

„Meister, wenn Gott in seiner Allmacht einen so schweren Stein erschafft, den Er nicht heben kann, dann ist Er ja nicht mehr allmächtig?"
„Sophisten-Grünschnabel! Gott hat Besseres zu tun, als Deiner Logik zu gehorchen." (Aldinger)

„Der Intellektuelle sitzt lebenslänglich in seiner Gehirn - Zelle." (Kersten)

Da der Verstand dem Ego entspringt, welches sich ja allen anderen als überlegen präsentieren will, ist es nicht verwunderlich, dass Verstandesmenschen sich oft gerne überschätzen. Das ist nicht nur heute so, das war schon immer so. Vor Jahrhunderten hat der Verstand uns weisgemacht, die Erde sei eine flache Scheibe. Und jeder, der das Gegenteil behauptete, wurde arrogant von oben herab belächelt oder mit Gewalt zum Schweigen gebracht. Vielleicht lachen die Menschen in hundert Jahren darüber, weil wir heute verstandesmäßig davon ausgehen, dass es auf den anderen Himmelskörpern in unserem Sonnensystem keine Luft zum Atmen gibt, dass wir uns für sterblich halten und uns mit unserem Körper gleichsetzen, oder dass wir immer nur Probleme in der Außenwelt lösen wollen, aber Tausende von Jahren nie dahinter gekommen sind, dass wir zuerst unser Inneres ändern müssen, so dass im Außen überhaupt keine Probleme mehr entstehen können.

Das wirklich Wichtige im Leben vollzieht sich immer ohne Denken. Wir werden ohne zu denken geboren, wir können uns durch Denken nicht am Tod vorbeimogeln. Ohne denken spielen sich etliche Vorgänge in unserem Körper ab (Atmung, Herzschlag, Zellbildung). Beim Sex z.B. sind wir bei vollem Bewusstsein und der Verstand ist abgeschaltet. Würden wir über den Orgasmus nachdenken, wäre der Genuss weg. Aus dieser Erkenntnis entstand die Wissenschaft des Tantra. Man kann auch sagen: das Leben wird nicht gedacht, das Leben oder das Sein ist nicht auf den Verstand angewiesen, es braucht ihn nicht. Leben IST einfach nur. Das ist es, was uns das höhere Selbst seit unserer Geburt ständig mitteilt. Und das Ego versucht durch den Verstand, die Verbindung zum höheren Selbst durch Milliarden unnützer Gedanken zu stören, so dass wir weiter ein eingeschränktes Leben leben und nicht zu uns selbst finden.

Wenn wir beispielsweise fernsehen, erzeugen wir eine Identifikation mit einer künstlichen Traumwelt. Während des Fernsehens ist man geistesabwesend und lebt unbewusst. Man bekommt um sich herum nicht viel mit, man erzeugt als Reaktion auf den Film, den man sich anschaut, Emotionen, die mit der Wirklichkeit nicht das Geringste zu tun haben. Das Fernsehen fördert also eine unbewusste Lebensweise, ein passives Herumsitzen, welches uns zu passiven Beobachtern degradiert und uns daran hindert, den gegenwärtigen Augenblick zu spüren.

Genauso ist es, wenn wir den Verstand benutzen. Wenn wir viel nachdenken, dann vergessen wir die Welt um uns herum. Man verspürt kein Hunger oder Durstgefühl, man nimmt seinen eigenen Atem nicht wahr, man spürt seine Muskeln nicht, hört die eigene Intuition nicht und befindet sich im Zustand der Unbewusstheit. Es geht bei der Auflösung des Egos also um die Erlangung vollen Bewusstseins. Lebt man bewusst, verschwindet das Ego automatisch.

Als Kinder waren wir unserem wahren Ich noch viel näher, weil wir weniger den Verstand benutzt haben. Wenn man zum Erwachsenen wird, bedeutet das nicht, dass das Kind in uns gestorben ist. Es ist immer noch da, allerdings ist es wie Gold unter viel Erde begraben, welches man freischaufeln muss.

Um ein glückliches Leben zu schaffen, seinem Lebensweg zu folgen und seine Manifestationsfähigkeiten sinnvoll einzusetzen, sollte man sich auf sein Herz fokussieren. Dadurch nehmen wir die Regie aus den Händen des Egos und übertragen sie uns selbst, bekommen endlich wieder das richtige Selbstgefühl. Leben bedeutet vor allem das Leben zu fühlen und das geht nur mit dem Herzen. Denn nur das Herz existiert in der vollständigen Erfüllung.

Spaziergänger zum Hirten: „Sehr einsam hier! Was denken Sie denn so immer den lieben langen Tag?
„Denken Sie, ich bin so einfältig und denke immer etwas?" (Aldinger)

DER GEGENWÄRTIGE AUGENBLICK

„Man muss mit seinen Gedanken nur bei dem sein, was gerade jetzt zu tun ist." (Mark Aurel)

Willst Du wissen, wann der beste Zeitpunkt ist, um sein Leben glücklicher zu gestalten? Genau jetzt!!! Alles, was wir benötigen, um unser gesamtes Leben positiver zu gestalten, liegt im gegenwärtigen Augenblick. Bereite Dich nicht darauf vor, irgendwann in der fernen Zukunft Dein großes Lebensglück zu erleben. Erlebe es bereits jetzt schon. Irgendwann glücklich sein heißt „nirgendwann" glücklich sein! Was genau bedeutet der gegenwärtige Moment? Laut der Harvard Medical School ist das, was wir als jetzigen Moment bezeichnen, etwa 2,7 Sekunden lang. Wenn man sich die ganze Sache genau anschaut, stellt man unweigerlich fest, dass der jetzige Moment das EINZIGE ist, was wir haben. Der gegenwärtige Moment stellt das LEBEN dar, denn wir können immer nur im gegenwärtigen Moment leben. Empfindest Du also z.B. Hass und Wut für den gegenwärtigen Augenblick, dann bedeutet dies, dass Du das Leben selbst hasst und bekämpfst. Gibst Du dem JETZT Deine Liebe, dann hast Du den mächtigsten Freund, den man sich vorstellen kann.

Unser Leben findet sowieso nur hier und jetzt statt, also raus aus der Wartestellung, denn wir wollen JETZT glücklich sein, nicht erst nächste Woche oder nächstes Jahr!!!

„Der Wochentag, an dem wir ungeheuer viel tun wollen, heißt allzu oft morgen." (Spanisches Sprichwort)

Es ist EIN LEBEN LANG DASSELBE SPIEL. Das Ego sagt uns immerzu: „Heute musst Du erst etwas tun, damit Du morgen glücklich sein darfst. Heute musst Du Dir Dein Glück erstmal verdienen, damit Du es morgen genießen kannst." Und weißt Du, was das Besondere am Morgen ist? Es ist immer morgen. Das Morgen bleibt immer in der Ferne, es bleibt immer in der Zukunft, es ist nie zu erreichen, das Morgen ist nie heute. Das Ego gibt Dir ständig neue Aufgaben, nur damit Du in die Ferne blickst und vergisst in der Gegenwart zu leben. Eine hinterhältige Taktik. Warte nicht immer auf den "richtigen" Augenblick, denn der beste Zeitpunkt, neue Vorsätze umzusetzen, ist immer der gegenwärtige.

Nur der gegenwärtige Augenblick ist real, ist echt. Da sowohl Vergangenheit, als auch Zukunft nur Kunstprodukte sind, nichts Echtes sind, kann das Ego auch nur in ihnen fortbestehen, da es auch nichts Echtes ist. Darum lenkt es Dich auch ständig von einem bewussten Leben in der Gegenwart ab. Dabei gibt es nur diesen Augenblick und in genau diesem Augenblick liegt Deine Macht, eine Ursache zu setzen, die Dein Leben gestaltet. Denk nur an all die Momente, in denen Gedanken aufkamen, dass man sein Glück verpasst hat, dass eine tolle Gelegenheit nicht genutzt wurde, dass das Glück an Dir vorbeigerauscht ist. Dabei hast Du jeden Moment Deines Lebens die Chance, etwas einzigartig Schönes zu tun.

Das Leben läuft nicht rückwärts. Die Vergangenheit heißt deswegen so, weil diese Zeiten vergangen sind, also lassen wir die Vergangenheit auch in der Vergangenheit. Mit der Asche von gestern können wir heute kein Feuer anzünden. Mach den Deckel also zu und lass Dich von vergangenen Erlebnissen nicht beeinflussen. Nimm stattdessen den gegenwärtigen Augenblick wahr. Das Universum hat unendlich viele Geschenke für Dich, Du musst sie nur annehmen.

"Genau genommen leben sehr wenige Menschen in der Gegenwart. Die meisten bereiten sich vor, demnächst zu leben." (Jonathan Swift)

Im JETZT leben bedeutet in der Lebensmitte zu ruhen. Wer im JETZT lebt, der löst das Ego auf und lebt in der pursten Form des Lebens, die es gibt. Das ist die Form von Glück, die uns bewusster werden lässt. Bewusstheit ist immer hier und jetzt! Zudem fallen uns Manifestationen in dieser Form des Lebens besonders leicht.

Nimm die Zeit nicht so ernst, denn schließlich bist Du ein göttliches, ewiges und unendliches Bewusstsein. Was bedeutet jemandem, der ewiglich ist, schon die Zeit? Und ebenso wie Du ewiglich bist, so ist es auch das JETZT, denn in Momenten, in denen man bewusst die Gegenwart lebt, steht die Zeit still und jeder Lebensmoment stellt eine Ewigkeit dar.

Lebe jeden Moment wach und bewusst, statt jeden Morgen routiniert und unbewusst zur Zahnbürste zu greifen, unbewusst die Zähne zu putzen, unbewusst zu duschen, unbewusst die Haare zu kämmen - nein, mache all dies bewusst. Das heißt, sei mit den Gedanken nicht woanders, sondern bei dem, was Du gerade machst.

URTEILEN IST DESTRUKTIV

„Wenn jeder vor seiner Tür kehrt, so werden alle Gassen rein." (Schiller)

Wenn jemand viel Geld verdient, weil er dafür hart gearbeitet hat, dann sagt man oft verurteilend: „Der kriegt den Hals nicht voll." Schon hat man jemanden bewertet und sich damit durch eine disharmonische Schwingung selbst geschadet. Wenn jemand mit einer Arbeit etwas Schönes schafft, dann hat er Energie gegeben. Und wer gibt, der erhält auch was zurück. So einfach ist das.

Lebt jemand von Hartz 4, wird er oft von besser verdienenden Menschen herablassend als faul bewertet. Wenn jemand mehr als zwei oder drei Kinder hat, wird er auch oftmals bewertet und in eine wenig schmeichelhafte Schublade gesteckt. Es werden auch homosexuelle Menschen bewertet und verurteilt, Menschen aus bestimmten Berufszweigen, behinderte Menschen, arme und reiche Menschen, junge und alte Menschen, Männer und Frauen. Es wird im EGO-System ständig und überall bewertet und verurteilt, ohne dass man die Menschen und ihre Lebenssituationen überhaupt kennt. Jedes Verurteilen bedeutet zugleich, sich über andere zu erheben. Das gefällt dem Ego.

Woher kommt eigentlich das menschliche Bedürfnis, ständig zu kritisieren, zu bewerten, mit dem Finger auf andere zu zeigen? Warum verurteilen wir so gerne? Das ist doch die Frage, um die es hier geht. Woher kommt dieser Drang, andere Menschen schlecht zu machen? Sind das wirklich WIR? Die Antwort lautet: es liegt am vom Ego geprägten, menschlichen Verstand, welcher dual arbeitet (aufgespaltet in zwei Dualitäten, in die linke und in die rechte Gehirnhälfte). Er arbeitet polar, er vergleicht, kategorisiert, unterscheidet in gut und schlecht, in schwarz und weiß, in richtig und falsch. Obgleich alles EINS ist, spaltet der Verstand alles in zwei Seiten auf. Das muss er tun, denn er geht durch seine verzerrte Sicht ja davon aus, dass tatsächlich alles voneinander getrennt ist. Das Herz hat dies nicht nötig, denn für das Herz gibt es keine Aufteilungen, sondern nur das wahre Sein. Das Herz teilt nicht, nein, es verbindet, es vereint, es führt zusammen und umarmt alle.

Krishnamurti spricht von „Choiceless Awareness" – urteilsfreie Bewusstheit. Das Gegenteil davon sind urteilen, bewerten, vergleichen, Konkurrenzdenken – all das ist EGO-Mist, all das bedeutet Kampf. Sobald Du diesen Kampf als unnütze Zeitverschwendung betrachtest, befreist Du Dich von Deinem selbstzerstörerischen EGO-Denken. Jedes UR-TEILEN teilt das Sein in gut und schlecht auf, doch die Quantenphysik und die Esoterik sagen uns, dass es nichts Getrenntes gibt. Das Sein ist eins.

Darum bemühe Dich, nicht alle Beamten, alle unverheirateten Männer, alle Polizisten, Soldaten, Kriegsdienstverweigerer, Unternehmer, Amerikaner, Russen, Chinesen, Kommunisten, Kapitalisten, Moslems, Juden, Christen, Südländer, Männer, Frauen, Politiker etc. über einen Kamm zu scheren. Denke immer daran: es gibt solche und solche. Überall wird man solche und solche Menschen antreffen, sei es nun in Schottland, Ägypten, China, USA, Russland, Australien, Grönland oder sonst wo.

Siehst Du jemanden auf der Straße, der 150 kg wiegt, einen außergewöhnlichen Haarschnitt hat, gepierct ohne Ende ist und dazu einen penetranten Körpergeruch hat, dann halte nächstes Mal inne und lass ab von jeglichem Bewerten, lass ab davon, Dich über andere Menschen zu erheben. Sage Dir: „Dieser Mensch ist womöglich anders als ich, aber keinesfalls schlechter." Machen wir keine Richter aus uns, die hochmütig und arrogant über andere Menschen urteilen. Denn andere Menschen verurteilen bedeutet laut dem Gesetz der Anziehung sich selbst verurteilen.

Verurteilen ist einfach, das kann jeder. Doch wie fühlen wir uns, wenn uns jemand verurteilt? Ob wir etwas als "gut" oder "schlecht" bezeichnen, sagt wenig über die Wirklichkeit und mehr über uns selbst aus.

Vorsicht auch vor dem Bewerten einzelner Lebenssituationen. Die meisten Menschen erleben etwas und bewerten es als „gut" oder „schlecht". Doch auch hierbei übersehen die meisten, dass alles, was existiert, eine große Einheit darstellt. Eine derart komplexe Einheit, die wir aus unserer derzeitigen, unbewussten, menschlichen Perspektive nicht überblicken können. JEDES Ereignis, jede Situation, jede Erfahrung ist immer ein Teil des großen Ganzen, welches sich unseren Blicken entzieht. Nichtsdestotrotz hat alles seinen Sinn, auch wenn wir ihn vielleicht gerade nicht erkennen können.

Erkennen wir, dass jegliches Urteilen eine unbewusste Handlung, also eine Ego-Handlung ist. Etwas **erkennen** wird heutzutage völlig missverstanden. Erkennt jemand, dass man niemanden verurteilen soll, weil die Außenwelt nur ein Spiegelbild unseres Inneren ist, tut es aber trotzdem, dann hat er NICHTS erkannt, NICHTS verstanden, NICHTS begriffen. Richtiges Erkennen und Verstehen zeigt sich auch in der praktischen Umsetzung.

Nichts zu verurteilen bezieht sich selbstverständlich auch auf das Ego. Indem wir das Ego nicht verurteilen, entziehen wir ihm seine Energie. Indem wir uns nicht mit ihm identifizieren, hat es kein Nährboden mehr, um zu wachsen. Du kannst Dir das Ego gerne anschauen, aber ohne es zu verurteilen. Wenn wir uns das Ego anschauen, dann sollten unsere Gefühle dabei weder Hass, noch Liebe sein, es sollte ein neutrales, wertfreies Gefühl vorherrschen. Wir sollten das Ego weder als gut noch als schlecht, weder als furchterregend noch als .beruhigend betrachten. Wir sollten vielmehr nur das sehen, was das Ego tatsächlich ist: etwas völlig Unwichtiges und Belangloses.

MEDITATION

„Du kannst Dein Leben weder verlängern noch verbreitern, nur vertiefen." (Gorch Fock)

Mindestens einmal am Tag solltest Du Deinen Verstand abschalten und in Dich gehen, zu dem, was Du wirklich bist. Das Denken kommt nämlich nicht aus DIR. Nein, es kommt aus dem Verstand, dem Werkzeug des Egos. Um ihn zur Ruhe zu bringen, sollte man regelmäßig meditieren.

Vor drei Jahrzehnten wurde Meditation im Westen noch verlacht. Heute ist Meditation allgegenwärtig: in Motivationsseminaren für Manager, in Fitness-Zentren, in Intensiv-Workshops für Kranke, in Reha-Institutionen für Drogenabhängige usw. Meditation liegt also weltweit „voll im Trend".

Was aber ist Meditation (lat. mederi= messen, das rechte Maß finden) eigentlich, was bewirkt sie und wie kann Meditation uns nützlich sein, um Glück zu erfahren? Im Grunde kann Meditation alles Mögliche sein. Im Zen wird Meditation als etwas erklärt, dass uns zum Kern des eigenen Wesens führt, was in unserer stressigen, hektischen, dauerlärmenden Welt geradezu notwendig ist, um wieder ein glückliches Dasein führen zu können. Um das zu schaffen, muss man nicht zwangsläufig mit geschlossenen Augen stundenlang in einem Raum voller Räucherstäbchen und entspannender Musik ruhig sitzen und dabei glücklich machende Affirmationen und Mantras sprechen. Wenn wir uns mit etwas mit voller Bewusstheit beschäftigen, ohne an das Gestern oder das Morgen zu denken, folgen wir auch unserer inneren Stimme und erreichen das Zentrum unseres wahren Wesens. Man fühlt sich vereinigt, man fühlt sich komplett, man geht darin auf und ist glücklich. Wichtig ist dabei jedoch immer die Komponente der bewussten Selbstbeobachtung.

Fest steht, dass Meditation den Blutdruck senkt, die Hirnaktivität beruhigt, Stresssymptome lindert, die Atmung harmonisiert, Depressionen und Angstzustände auflöst, das Immunsystem stärkt und eine Hilfe bei chronischen Schmerzen sowie Schlafstörungen ist. Erfahrene Meditationsmeister weisen während des Meditierens eine starke Frequenz von Gammawellen auf, die in Zusammenhang mit starker Konzentration stehen. Niederfrequente Delta-Wellen charakterisieren den Tiefschlaf. Alpha-Wellen mit etwa zehn Hertz kennzeichnen einen entspannten Wachzustand. Gamma-Wellen mit Frequenzen von über 30 Hertz scheinen kognitive Höchstleistungen zu begleiten. Mittlerweile gilt auch als gesichert, dass die Wirkung von Meditation nicht nur die Art, wie das Gehirn denkt, verändert, sondern dass ihre Wirkung bis in die physische Struktur des Gehirns reicht (Verdickungen in Hirnarealen, die mit Gefühlen und dem Gedächtnis befasst sind).

Die Meditation ist laut spirituellen Quellen aus Asien unser wahres Wesen, unser waches Wesen. Für Buddha war Meditation die Kunst der geduldigen Selbstbeobachtung, die Kunst des absichtslosen Geschehenlassens. Es geht darum, die eigenen Gedanken und Gefühle einfach nur zu beobachten, anstatt sie zu erleben, bis sie von alleine zur Ruhe kommen. Wer sich regelmäßig selbst beobachtet, lernt immer mehr über sich selbst (auch ohne Psychotherapeuten). Kennt man die eigene innere Welt, kann man auch leichter die äußere Welt beeinflussen. Denn beide Welten sind im Grunde eine Einheit. Durch Meditation erreichen wir unser Unterbewusstsein und können dadurch noch besser schöpfen. Um das so gut wie möglich zu schaffen, sollte Meditation ein tägliches Ritual sein.

Ein weiterer Nebeneffekt ist, dass man durch das distanzierte Beobachten die wertfreie Funktion des Beobachters einnimmt. Man ist also kein Opfer mehr, egal was gerade passiert ist, stattdessen ist man ein neutraler Beobachter der eigenen Gedanken, Gefühle und inneren Erlebnisse. Und als Beobachter ist man mit der jeweiligen Situation nicht verwachsen, sondern objektiv und gelassen, so dass man empfänglicher für Lösungen ist.

Nehmen wir an, Du siehst in Gedanken den morgigen Tag, an dem Du eine wichtige Prüfung zu absolvieren hast. Und dabei verspürst Du das Gefühl der Angst. Halte inne und beobachte Deine Angst. Sieh sie Dir an, so, als ob Du Dir einen Film anschaust, als ob es nicht DEINE Angst ist. Kämpfe nicht gegen sie an, sondern stattdessen beobachte sie absolut wertfrei. Und Du wirst erstaunt feststellen, dass sie sich mit der Zeit auflöst. Meditation bedeutet seinen Geist in seinen normalen Zustand zurückzubringen. Du bist ein Teil der Ewigkeit, die überhaupt keine Angst kennt. DAS ist Dein natürlicher Zustand, was also sollte Dich je beunruhigen?

Meditation lässt sich nicht erzwingen. Eine erfolgreiche Meditation sollte man nicht angehen wie ein ehrgeiziges sportliches Ziel, denn meditieren hat mit Tun und Machen nichts zu tun, auch nichts mit denken und fühlen. Meditation IST Gedankenleere. Meditation entspannt. Das Sein ohne die Anwesenheit von Gedanken ist die pureste und reinste Form des Lebens. Man kann das Ganze auch als NICHTSTUN bezeichnen. Leider haben die meisten Menschen heute verlernt, nichts zu tun. Sie denken die wirrsten Gedanken und entwickeln die selbstzerstörerischsten Gefühle, die man sich überhaupt vorstellen kann. Sie wissen nicht, wo die Taste ist, die für Ruhe sorgt. Man hat ihnen beigebracht, wie man denkt, aber nie, wie man die wirre Flut von Gedanken wieder abstellt.

Mit einfachen Worten: Meditation ist wie ein Spiegel, denn ebenso wie ein Spiegel tut sie nichts, sie reflektiert nur. Es geht darum zu beobachten, was gespiegelt wird. Solange wir keine innere Ruhe erlangt haben, sehen wir in dem Spiegel nur verzerrte Fragmente. Durch richtiges Meditieren kommt man aus dem Karussell der ablenkenden Gedanken heraus. Sind die Gedanken weg, wird das enthüllt, was bislang durch die Gedanken verdeckt war. Erst wenn wir uns innerlich beruhigt haben, frei von Ängsten und Disharmonie sind, sehen wir uns so, wie wir wirklich sind, in unserer ganzen Reinheit, frei von jeglichem Ego. Meditation gibt uns also weniger was, im Gegenteil, sie entfernt das, was unserer wahren Natur fremd ist und uns blockiert, bis wir wieder WIR SELBST sind. Meditieren ist wie ins Zentrum eines Hurrikans zu gehen. Dort ist Ruhe, dort sind wir rein und unverfälscht. Meditation ist die Rückkehr nach Hause, in die Harmonie, in unsere Mitte, weitab von jedwedem Lärm der Außenwelt. Wie im Mandala kommt alles aus der Mitte. Und in dieser Mitte findet das statt, was man gemeinhin als „Transzendenz" bezeichnet, die Überschreitung der künstlichen Ego-Persönlichkeit mit seinem rationalen und logischen Verstand, hinein in die harmonische Erfahrung von Ganzheit und Verbundenheit.

Hoch in den Bergen des Himalajas lebte einst ein Einsiedler in einer Höhle. Wenn irgendwo im alten Tibet ein Einsiedler lebte, wurde er von der Bevölkerung mit Nahrung versorgt. Als wieder einmal die Menschen vom Dorf zu ihm kamen, wurde er gefragt: „Was findest Du so Besonderes daran, so ganz alleine hier oben in der Stille zu leben?" Der alte Mann schöpfte gerade Wasser aus der Zisterne und sagte zu seinen Besuchern: „Schaut auf das Wasser in der Zisterne und sagt, was ihr seht." Die Besucher schauten auf das Wasser und sahen nichts, nur Wasser. Nach einiger Zeit verlangte der Einsiedler von seine Besuchern, sie sollen jetzt noch einmal in die Zisterne schauen, und er fragte: „Was seht ihr jetzt?" „Oh, jetzt sehen wir uns selber." Der Einsiedler belehrte sie: „Als ich vorhin Wasser schöpfte, da war das Wasser noch unruhig, jetzt hat sich das Wasser wieder beruhigt. So ist es auch mit unserem Geist; wenn wir uns in die Stille zurückziehen, beruhigt sich unser Geist. Wenn wir die Stille erleben, sehen wir uns selbst. Und das ist der Sinn von Meditation: uns selber so zu sehen, wie wir tatsächlich sind."

Echte Meditation hat also das Ziel uns in unseren natürlichen Zustand zu bringen. Wir sitzen so lange in harmonischer Stille und erlauben unseren Gedanken zu fließen, bis sie versiegen und wir unser wahres Wesen „zu Gesicht bekommen". Durch das wertfreie Beobachten betrachten wir ohne Angst, ohne Schuldgefühle, ohne Wut und ohne Trauer. Durch die Reise nach innen finden wir unser inneres Gleichgewicht und lösen das Ego immer mehr auf. Leider reisen die Menschen heute viel lieber nach außen, statt in sich zu gehen.

„Nicht außerhalb, nur in sich selbst soll man den Frieden suchen. Wer die innere Stille gefunden hat, der greift nach nichts und er verwirft auch nichts." (Buddha)

Man sagt nicht grundlos, man sei „außer sich", wenn man wütend ist. Nur in seinem Inneren findet man wahren Frieden.

Die Meditation soll bewirken, sich von allen äußeren Reizen frei zu machen und in die innere Ruhe zu kommen. Innerlich ruhig sein ist für mich gleichbedeutend mit innerlich unabhängig sein, also sich absolut im Sein befinden, quasi WUNSCHLOS GLÜCKLICH sein.

Einfach glücklich sein, nichts verlangen, nichts erwarten, nichts fordern. Einfach im Nichts (Nichts= Nirwana) verweilen. Und schon kommt alles Glück ganz von allein. Durch die Meditation gelangt man schließlich in den „Urzustand" seiner Schwingung, zu sich selbst.

Im Normalfall sind die ersten Versuche einer Meditation selten von Erfolg gekrönt. Die Gedanken springen wie wild durch die Gegend herum und man ist innerlich unruhig. Es geht also darum sich von den tagträumerischen Gedanken zu reißen und die **Selbst-ERKENNtnis** zu schärfen. Mit etwas Übung erleben wir dann immer mehr Gedankenpausen und in diesen Pausen dringen wir zu unserem wahren Wesen vor. In solchen Augenblicken erweitert sich unser **BewusstSEIN**, denn wir sehen nach langer Zeit, wer wir selber sind. Was Du in diesem Moment spürst, ist ein Moment ohne Dein EGO. Erreicht man diesen Zustand, ist man jenseits von Angst, Zweifel und Schuld.

Um bis zu diesem Zustand vorzudringen, gibt es einige wichtige Punkte zu beachten:

1.) Angenehmen Ort und angenehme Zeit für die Meditation wählen, ebenso gemütliche Kleidung

2.) Die richtige Atmung

3.) Die Körperhaltung

Meditieren wir täglich am selben Ort und zur selben Zeit, dann ist das eine Art Zeichen an unser Unterbewusstsein, dass es nun Zeit ist, die Gedanken und Gefühle schlafen zu lassen, damit die Meditation ungestört erfolgen kann. Ein guter Zeitpunkt ist morgens, um den Tag bewusst zu beginnen.

Manche Meditierende lassen harmonische Entspannungsmusik im Hintergrund laufen, wieder andere gestalten die Atmosphäre mit einem angenehmen Geruch durch eine Duftlampe. Das bleibt natürlich jedem selbst überlassen, wobei hervorzuheben ist, dass eine gute Meditationsmusik die rechte Gehirnhälfte aktiviert, so dass daraus eine synchrone Arbeitsweise beider Hirnhälften erfolgt.

Je gemütlicher wir es bei der Meditation haben, desto leichter fällt sie uns. Viele Menschen halten eine bestimmte Sitzhaltung für erforderlich, doch wenn eine bestimmte Körperhaltung ungemütlich ist, warum sollten wir sie dann einnehmen? Nur weil ein berühmter Meditationsmeister sie auch eingenommen hat? Das macht keinen Sinn, denn jede Ungemütlichkeit blockiert die Meditation. Manch einer zwingt sich, alles genau so zu machen, wie ein asiatischer Zen-Mönch, der sein Leben lang meditiert. Und so sitzen viele Meditationsanfänger trotz Schmerzen in den Oberschenkeln im Lotussitz und beißen die Zähne zusammen, um die Meditation eine Stunde lang „auszuhalten". Und am Ende sind sie sogar stolz auf sich, verkennen dabei aber, dass alles für die Katz war, da sie durch die Schmerzen so sehr abgelenkt waren, dass keine Meditation zustande kam.

Wichtig ist einfach nur, dass man entspannt ist, ob man nun sitzt oder liegt. ZU entspannt, so dass man z.B. einschläft, ist damit natürlich nicht gemeint. Ich selbst ziehe das Kinn etwas zur Brust, so dass die Energie zwischen Kopf und Körper besser fließen kann.

Um zur Ruhe zu kommen, geben wir unserem Geist etwas, womit er sich beschäftigen kann. Darum ist es empfehlenswert, die Aufmerksamkeit auf den Atem zu richten. Indem wir unsere Aufmerksamkeit auf den Atem richten, bringen wir die unzähligen inneren Selbstgespräche mit der Zeit zum Schweigen.

Jede effektive Meditation geht einher mit der richtigen Atmung. Der zivilisierte Mensch atmet sehr flach, d.h. er atmet nicht bis tief in den Bauch ein, sondern nur bis in die Brust. Kinder atmen noch gesund, erst in der Pubertät gewöhnt man sich das flache, schädliche Atmen an. Das ziemlich dumme Schönheitsideal im Westen sorgt dafür, dass man immer einen schönen flachen Bauch haben will. Dumm deshalb, weil man hier ein Schönheitsideal vor die Gesundheit stellt. Tasten wir uns schrittweise in unser Inneres vor. Atme tief und gleichmäßig, und zwar so, dass Du mit dem Bauch atmest, nicht mit der Brust. Fülle den unteren Bauch durch entspanntes Einatmen mit Luft, dann mache eine kurze Pause, und dann atme genau so entspannt wieder aus. Wenn Du magst, kannst Du Dir beim Einatmen vorstellen, wie Du Lebensenergie in Dich strömen lässt, die Dich stärker macht. Und beim Ausatmen, wie Du diese Energie mit der Welt teilst, so dass ein harmonischer Kreislauf des Gebens und Nehmens entsteht.

„Das alles ist Meditation: Ihr Haus in vollkommene Ordnung zu bringen, so dass es keinen Konflikt, kein Messen gibt, und dann ist in diesem Haus Liebe, dann kann der Inhalt des Geistes, der sein Bewusstsein ist, vollkommen von dem "Ich", vom "Ego", vom "Du" entleert werden." (Krishnamurti)

Das bisher Beschriebene ist die typische Meditationsvariante, die fast jeder kennt. Natürlich sind nicht alle Meditationsformen für alle von gleichem Nutzen, sondern es kommt immer auf den emotionalen und kognitiven Stil des Einzelnen ab. Viele Meditationstechniken sind bereits mehrere tausend Jahre alt und sie wurden für Menschen entwickelt, die sich sehr unterscheiden von heute. Sie lebten damals in einer Welt ohne Fernsehen, ohne Autos, ohne Mobiltelefone, ohne den heutigen Stress. Es fiel ihnen wesentlich leichter innerlich einfach mal „abzuschalten". Deshalb möchte ich hier auch keine festen und starren Techniken vermitteln. Lies Dir einfach meine persönlichen Tipps durch und entscheide selbst, ob sie Dir gut tun, denn ein jeder von uns muss seinen Weg selbst finden. Mir persönlich halfen meditative Methoden, die man unter der Bezeichnung „dynamische Meditation" kennt.

Da wäre einmal die sogenannte Whirling-Meditation, die sich aus zwei Phasen zusammensetzt. Phase 1: Du wirbelst auf der Stelle gegen den Uhrzeigersinn; dabei ist der rechte Arm erhoben, die Handfläche nach oben, der linke Arm hängt nach unten, Handfläche nach unten. Sollte das Wirbeln gegen den Uhrzeigersinn Unwohlsein hervorrufen, kann man zum Uhrzeigersinn überwechseln. Mache Deinen Körper ganz weich und wirbele mit offenen Augen, halte aber Deinen Blick an nichts fest, so dass die Bilder verschwommen und fließend werden. Bleibe dabei ganz ruhig. Drehe Dich in den ersten 15 Minuten ganz langsam. Dann werde während der nächsten 30 Minuten immer schneller, bis das Wirbeln von selbst geht und Du zu einem Strudel aus Energie wirst, bis Du Dich beim Drehen quasi auflöst. Wenn Du es intensiv machst, gibt es nur noch die Drehung, keinerlei Gedanken.

Phase 2: Wenn Du umgefallen bist, beginnt der zweite Teil der Meditation. Rolle Dich umgehend nach dem Fall in die Bauchlage, und zwar so, dass der nackte Bauchnabel den Boden berührt. Wer diese Lage als unangenehm empfinden sollte, kann sich auf den Rücken legen. Fühle dann, wie Dein Körper mit der Erde verschmilzt, so wie bei einem kleinen Kind, welches sich an die Brust der Mutter schmiegt. Dann schließe die Augen und sei mindestens 15 Minuten lang passiv und still.

Des Weiteren gibt es eine weitere empfehlenswerte Bewegungsmeditation, eine sogenannte Schüttelmeditation mit dem Namen „Kundalinimeditation", die eine Stunde dauert und sich aus mehreren Phasen zusammensetzt.

Sei so locker wie möglich und lasse Deinen ganzen Körper sich wie von alleine schütteln. Entspanne Dich und WERDE SELBST zum Schütteln. Lasse das Schütteln von selbst geschehen, ohne aktiv daran mitzuwirken.

Wenn Dein Körper schließlich beginnt zu zittern, dann lasse das Zittern zu, aber mache es nicht selbst. Genieße es einfach, erfreue Dich daran, heiße das Zittern willkommen, aber erzwinge es nicht.

Wenn Du es erzwingst, wird eine aktive Übung daraus, eine Art Gymnastik. Dann wird das Schütteln zwar da sein, aber nur an der Oberfläche, es durchdringt Dich nicht.

In der nächsten Phase tanze wie es Dir Spaß macht und lasse den ganzen Körper sich so bewegen wie er will. Die Augen können dabei offen oder geschlossen sein, das ist unerheblich.

In der vorletzten Phase schließe die Augen und sei still. Setze Dich hin oder bleib stehen und schaue unbeteiligt zu, was innen und außen passiert.

Und in der letzten Phase lege Dich mit geschlossenen Augen hin und sei still.

Beide Meditationsvarianten sorgen dafür, dass wir **bewusst** mit unserem Körper in Kontakt stehen, so dass wir nicht mehr so sehr identifiziert sind mit unseren Gedanken, die vom Ego-Diener „Verstand" erzeugt werden. Nun könnte man denken, dass normales Tanzen oder Joggen denselben Effekt haben, doch dem ist nicht so, weil dabei keine bewusste und entspannte Selbstbeobachtung stattfindet. In einem meditativen Zustand der Bewusstheit verschwimmen alle Gedanken, Sorgen und Erinnerungen, man vergisst die Welt um sich herum und es tritt ein Zustand absoluter Klarheit ein. Wir folgen nicht mehr unseren vom Ego erzeugten Gedanken, es bleibt nur noch reines Bewusstsein übrig.

Wer durch Meditation erst einmal die Verbundenheit zum Universum erlebt hat, möchte diese Erfahrung nie mehr missen, denn neben ihr ist alles andere unwesentlich. Mit einer solchen Erkenntnis zieht grenzenloses Glück ins Leben, welches von da an immer harmonischer verläuft.

Beim Meditieren gibt es nur zwei Möglichkeiten: entweder man findet seine Mitte oder man steht vor Hindernissen, die das nicht zulassen, so dass man diese dann angehen kann. Beides ist gut für die Auflösung des Egos.

Was tun, wenn man plötzlich keine Lust hat zu meditieren und man die Meditation auf einmal als langweilig empfindet? Und das obwohl man genau weiß, wie nutzbringend und hilfreich Meditation für unser Lebensglück ist? Nun, das bedeutet nichts anderes, als dass das Ego derart in Bedrängnis geraten ist, dass es uns mit aller Macht zu beeinflussen versucht, denn es fürchtet um seine (Schein-)Existenz. Wir sind also auf dem richtigen Weg und meditieren regelmäßig weiter. Ich versichere Dir, dass die Langeweile bald wieder verfliegt.

Früher oder später geht uns die Meditation in Fleisch und Blut über. Sie wird ein fester Teil unseres Lebens und hält uns immer wach.

Und nach einiger Zeit werden wir immer und überall meditieren können, selbst in einer voll besetzten U-Bahn.

Zusammenfassung:
In der Meditation sieht man, dass man nicht vom Universum, von der Welt, von der Natur und von allen anderen Menschen getrennt ist. Im Bewusstseinszustand der Meditation löst sich das falsche Selbstbild auf. DAS ist dann pure Wahrnehmung, ohne störende und ablenkende Gedanken, die das Wahrgenommene zu analysieren versuchen. Man kann auch sagen, dass Meditation die Brücke ist zwischen unserem wahren Wesen und unserem Seelenteil hier in der dritten Dimension. Durch diese Brücke erkennen wir, dass es nie eine Trennung gab zwischen unserem höheren Selbst und „uns". Es gibt im Grunde kein „Du" und „Ich", sondern nur ein „Ich bin". Und diese Erkenntnis, dass man eben mit allem EINS ist, baut Angst ab und zugleich baut sie Vertrauen auf. Wenn man Vertrauen ins Leben hat, dann schwingt man positiv und alles entwickelt sich positiv. Auf der Ebene des Vertrauens vollzieht sich die Entwicklung zu einem Leben in voller Bewusstheit.

LIEBEN UND VERZEIHEN

„Echte Liebe bedeutet den Tod des Ego, des falschen Selbst. Hier treffen sich Zen und christliche Liebe. Liebe ist nur möglich, wenn man seinen Geist nicht an irgendetwas hängt, und das bedeutet, dass das Ego verschwindet." (Kenneth S. Leong)

Im "Tao" heißt es sinngemäß, dass hinter jedem Gefühl immer entweder Liebe oder Angst stehen. Mehr gibt es da nicht. Also gibt es im Grunde auch tatsächlich nur den einen Weg, unser Leben und die Welt selbst zu harmonisieren, ins Gleichgewicht zu bringen, nämlich ganz einfach selbst mehr Liebe zu geben, die uns alle in Harmonie verbindet!!!

Das Bewusstsein ist es, das uns Menschen miteinander verbindet, viel mehr als z.B. Blutsverwandtschaft. Und derzeit setzt sich immer mehr das Bewusstsein der alles verzeihenden Liebe durch, der höchste Bewusstseinszustand, der sich überhaupt denken lässt.

Vergebung im Außen ist nur möglich, wenn man sich auch selbst verzeihen kann. Wie innen, so außen. Und das wiederum geht nur durch Liebe zu sich selbst. Heißt es nicht "Liebe Deinen Nächsten so wie Dich selbst"? Zuerst muss man also lernen, sich selbst zu lieben, mit all seinen Ecken und Kanten, absolut und bedingungslos, egal ob man etwas „Großes" vollbracht hat oder nur „kleine Brötchen" backt. Selbstliebe ist die Grundvoraussetzung für die Liebe zu anderen, denn durch sie öffnet sich unser Herz, so dass sich unsere Fähigkeit andere zu lieben immer mehr steigert.

„Niemand kann ehrlichen Herzens versuchen einem anderen zu helfen, ohne sich selbst zu helfen." (Ralph Waldo Emerson)

In der Gegenwart von Menschen, die sich selbst lieben und wertschätzen, die sich in der eigenen Haut wohl fühlen und sich selbst verzeihen können, fühlt man sich auf Anhieb wohl, weil die innere Liebe auch außen zu spüren ist.
Liebe braucht jeder, auch diejenigen, die sich selbst und anderen gerne vorspielen, sie bräuchten keine Liebe. Innerlich sind das oft diejenigen, die am meisten verzweifelt und liebesbedürftig sind. Das ist das Ego, welches aus ihnen spricht, denn sobald genug Liebe im Spiel ist, bedeutet dies den Tod des Egos. Anstelle von Liebe sucht das Ego den Ersatz durch äußere Bestätigungen seitens Dritter.

Doch wer nach Lob und Bewunderung von außen strebt, der macht sich davon abhängig. Und jeder, dem man gefallen möchte, hat leichtes Spiel mit Dir. Sobald man den Drang nach Ruhm, nach äußerer Bestätigung und nach Macht und Kontrolle über andere verspürt, bedeutet das, dass man zu wenig Eigenliebe in sich hat. So einfach ist das. Es zeigt, dass die Selbstliebe noch nicht stark genug ist und das Ego sich Anerkennung von außen holen will.

Selbstliebe sollte übrigens niemals mit Egoismus verwechselt werden. Diese beiden Zustände haben nicht im Geringsten etwas miteinander zu tun. Selbstliebe ist Selbstvertrauen, Selbstbewusstsein, Selbstfürsorge, aus der Mitgefühl und Liebe zur ganzen Welt entstehen. Egoismus hingegen ist die absolute Ich-Bezogenheit des Egos, welches nur an sich selbst denkt und alle anderen zutiefst verabscheut.

„Egoistisch sind wir nicht deshalb, weil wir uns selber zu sehr lieben, sondern weil wir uns zu wenig lieben. Wenn wir uns beispielsweise im tiefsten Innern ungeliebt fühlen, uns aber um dieses Gefühl nicht kümmern, weil wir es verdrängt haben, dann werden wir bedürftig, gierig, ja süchtig sein nach der Liebe anderer." (Safi Nidiaye)

Ein bewusstes Leben führen bedeutet ein Leben in Liebe führen. Eines geht ohne das andere nicht. Dazu gehören neben liebevollen Gedanken und Gefühlen auch liebevolle Worte. Die Welt wäre unendlich viel harmonischer, wenn die Leute nur noch das sagen würden, was wirklich voller Liebe ist. Sie würden dazu etwa 90% weniger reden müssen, als sie es jetzt tun. Der ganze disharmonische Frequenzmüll würde auf einen Schlag verschwinden.

Jeder, der zuerst versucht, anderen Menschen Liebe entgegenzubringen, bevor er sich selbst liebt, wird scheitern. Denn wie soll er anderen etwas geben, was er in sich selbst noch gar nicht entwickelt hat?

Wer in der Schwingung der Liebe ist, der kann auch verzeihen. Wenn man nicht vergeben kann, dann ist man ein Gefangener des Egos, welches sich im Schmerz und im Gefühl der Wut badet und den inneren Frieden nicht zulässt. Anstatt glücklich und zufrieden im Hier und Jetzt zu sein, richtet das Ego den Fokus auf schmerzvolle Situationen in der Vergangenheit, um uns im Ego-Karussell der Disharmonie gefangen zu halten.

Ich betreibe folgende Übung: vor jedem Schlafengehen verzeihe ich mir selbst alles, was ich jemals getan habe und mich dabei nicht besonders gut fühlte. Verzeihen macht uns frei – frei vom Ego, welches uns gerne Schuldgefühle einredet. Praktiziere diese Methode täglich und Du fühlst Dich nach einem Monat wie neugeboren.

Warum fürchtet das Ego die Liebe so sehr? Weil Liebe nicht wie das Ego gewaltsam trennt, sondern verbindet, vereint, zusammenführt – und alles auf freiwilliger Basis, ganz ohne Zwang. Das wahre Wesen von Liebe ist das Gefühl der Einheit. Liebe ist die Religion des Alltags ohne dogmatische Vorschriften. Das Leben hat viele Gewänder, aber sobald man alle entbehrlichen Gewänder entfernt hat, bleibt das übrig, was unentbehrlich ist: die LIEBE!!!

Was dem Ego auch nicht behagt, ist die Tatsache, dass die Liebe fröhliche Menschen erschafft, die lachen und Spaß haben. Das Lachen und der Humor sind dem Ego verhasst, weil es sich dadurch auflöst. Mit Humor schafft man Bewusstheit und mit der Zunahme unserer Bewusstheit erfolgt automatisch die Abnahme des Egos. Mit anderen Worten: Lachen tötet die Angst. Deshalb ist dem Ego sehr daran gelegen, das Lachen abzuschaffen. Man denke dabei nur einmal an die ernsten Mienen von Priestern und Nachrichtensprechern, von Politikern und Wirtschaftsbossen.

„Die Freude raubt Dir Dein Ego, und das Unglücklichsein stärkt Dein Ego. Ein Moment der Freude... und Du verlierst Dich in ihm." (unbekannt)

DAS MENSCHLICHE MASSENBE-
WUSSTSEIN

„Man darf nicht den Glauben an die Menschheit verlieren. Die Menschheit ist wie ein Ozean; wenn einige Tropfen des Ozeans schmutzig sind, dann wird der Ozean deshalb nicht schmutzig."
(Gandhi)

Werfen wir einen Blick in die Tierwelt, dann stellen wir fest, dass viele Tiere eine Herdenmentalität haben. Wie schaut es beim Menschen aus? Seit 1998 werden mittels Zufallsgeneratoren, die in Princeton im Pears-Institut entwickelt wurden, Daten und Informationen gesammelt, die beweisen sollen, dass ein menschliches Massen- oder auch Kollektivbewusstsein existiert. Etwa 50 Dioden, welche weltweit verteilt wurden, messen die kollektive, menschliche Gemütslage. Als Prinzessin Diana starb und als es zu den Ereignissen am 11.9.2001 kam, die zum Einsturz des World Trade Centers in New York führten, verzeichneten die Messinstrumente der Zufallsgeneratoren eine ansteigende Kurve. Ein deutlicher Fingerzeig auf die Verbundenheit untereinander, von der spirituelle Quellen bereits seit Jahrtausenden wissen.

Es gibt viele Menschen, die gerne die Zustände auf der Welt zum Guten verändern würden, aber von vornherein resignieren mit der haltlosen Behauptung: „Was kann ich als Einzelner schon tun?" Solchen Menschen ist nicht bewusst, dass wir in einem holografischen Universum leben, dass ein Massenbewusstsein existiert und ein jeder von uns seinen Teil dazu beitragen kann, das Gesamte zu beeinflussen. Verlassen wir die passive Grundhaltung, wir seien klein und hilflos. Denn solange das jemand von sich denkt, wird er es auch sein, da jedem nach seinem Glauben geschieht. Du willst die Welt zum Guten verändern? Das kannst Du nur, indem Du Dich selbst zum Guten veränderst.

Jeder einzelne Gedanke und jedes einzelne Gefühl sind eine Ursache und beeinflussen das große Ganze. Auch der allerkleinste Stein, den man in einen See wirft, erzeugt Kreise. Wir alle sind Bestandteile des großen Ganzen, also haben wir auch alle Einflussmöglichkeiten auf das große Ganze. Denken wir alle egolos und vorwiegend harmonische Gedanken, und unser Einfluss wächst ins Unermessliche.

Wir werden der Welt keinen Frieden bringen können, solange wir nicht in uns selbst Frieden geschaffen haben. Frieden beginnt bei uns selbst. Jeder von uns, vom Bettler bis zum Milliardär, ist folglich mitverantwortlich für die kommenden Zeiten. Jeder Einzelne von uns leistet dabei seinen ganz besonderen Anteil.

So wie wir die freie Wahl haben, durch bewusste Gedankenauswahl unser Leben im positiven Sinn zu verändern, so können wir auch dafür sorgen, dass die Zukunft der gesamten Menschheit sich ebenfalls im positiven Sinn wandelt. Es liegt nicht an den Banken, an Regierungen und an den Börsen, wie unsere Zukunft aussehen wird, genauso wenig an Präsidenten, Kanzlern, Ministern und schon gar nicht an Institutionen wie der UNO oder der Weltbank. Das will uns das Ego weismachen, aber Tatsache bleibt, dass es dank dem Gesetz der Anziehung nur an UNS liegt. Da wir ALLE eine Einheit darstellen, wird immer dann, wenn Du, ich oder sonst wer durch Gedankenkraft irgendetwas in seinem eigenen Leben verändert, die gesamte Einheit, also die gesamte Welt, mitverändert.

Wenn genügend Gedanken der Liebe gedacht und genügend Gefühle der Liebe empfunden werden, völlig frei vom Ego, dann werden sie sich in der Mentalwelt ausbreiten und wie ein Lauffeuer um sich greifen, wachsen und größer werden, bis sie sich in der Außenwelt manifestieren und die Welt schöner gestalten. Wenn z.B. ein Masseur nur einen einzigen Muskel massiert, wirkt sich dies trotzdem gesundheitsfördernd auf den ganzen Körper aus. Der einzelne Muskel steht hier für einen einzelnen Menschen, während der Körper die Welt symbolisiert. Die Welt ist wie ein musikalisches Quartett. Jeder einzelne ist für die Musik ebenso verantwortlich und wichtig, wie alle anderen. Nur weil jemand ein größeres Musikinstrument hat (z.B. finanziell wohlhabender ist), bedeutet das noch lange nicht, dass seine Gedanken größer sind als Deine. Das ist eben die universelle Gerechtigkeit: dass jeder Mensch seines eigenen Schicksals Schmied ist, da ein jeder Mensch mit seinen eigenen Gedanken sein Leben kreiert. Verfalle also bitte niemals in den Irrglauben, dass „einer alleine ja sowieso nix verändern kann". Ein jeder von uns kann ungeheuer viel bewirken. Auch der stärkste und größte Wirbelsturm besteht nur aus vielen Luftmolekülen. Eine Schneelawine ist groß und stark, aber was wäre sie ohne die einzelnen Schneeflocken, die sie erst geschaffen haben? Ohne sie gäbe es keine Lawine. Vielleicht sind Deine Gedanken diejenigen, die noch fehlen, um die Lawine in Gang zu setzen. Eine Lawine ist sicherlich ein ungünstiger Vergleich, denn selbst alle Lawinen in allen Epochen der Menschheitsgeschichte zusammengerechnet, sind nicht einmal annähernd so mächtig wie ein einziger Gedanke von Dir, geschätzter Leser.

Verhaltensforscher und Werbeexperten haben übrigens herausbekommen, dass nur 10 Prozent einer Bevölkerung einen bestimmten Glaubenssatz anzunehmen brauchen, damit auch der Rest der Bevölkerung diesen als wahr annimmt. Dies liegt daran, dass wir alle miteinander vernetzt sind. Wir Menschen teilen eine kollektive Wirklichkeit, die wir gemeinsam erschaffen haben. Erinnern wir uns, dass viele Erfindungen zum gleichen Zeitpunkt kontinentübergreifend gemacht wurden. Die Ideen befanden sich bereits im kollektiven Bewusstsein. Je mehr wir unsere Aufmerksamkeit also z.B. auf die Harmonie und Liebe richten, desto schneller erreichen wir eine „kritische Masse" des kollektiven Bewusstseins, so dass wir eine Welt ohne Ego, dafür voller positiver Schwingungen manifestieren. Ich lege deshalb jedem nahe, Gedanken und Gefühle der Freude, der Liebe und der Harmonie auszusenden. Damit tun wir der Welt und uns einen unschätzbaren Dienst. Es reichen also mickrige 10% der Weltbevölkerung, die bewusst leben, und die Welt würde sich in ein Paradies wandeln. Worauf warten wir dann noch?

„Wie herrlich ist es, dass niemand eine Minute zu warten braucht, um damit zu beginnen, die Welt langsam zu verändern." (Anne Frank)

„Der Unterschied zwischen dem was wir tun und dem was wir in der Lage wären zu tun, würde genügen um die meisten Probleme der Welt zu lösen." (Gandhi)

Ein Mensch allein wird die Welt nicht retten können, aber er kann sich selbst ändern und somit zu einer ego- und krisenfreien Welt beitragen. Es liegt einzig und allein an uns, die chaotischen Zustände auf unserem wunderschönen, blauen Planeten aufzulösen. Das schaffen wir dadurch, dass wir erkennen, wer wir sind, dass wir über unseren Schatten springen und uns selbst glücklich machen. Denn aufgrund der holographischen Beschaffenheit des Universums bewirkt jede Änderung in uns dieselbe Veränderung im Universum. Jeder von uns hat etwas in sich, um das Universum glücklicher zu gestalten.

„Jeder ist berufen, etwas in der Welt zur Vollendung zu bringen." (Martin Buber).

Angesichts der heutigen Weltsituation ist es an der Zeit mehr Bewusstheit zu erlangen. Wenn wir nicht endlich aktiv unsere Welt friedlicher, harmonischer und schöner gestalten, dann wird es keiner tun. Verlassen wir uns nicht auf Politiker, Wirtschaftsunternehmen oder Institutionen wie die UNO. Verlassen wir uns auf unsere Fähigkeit, das Leben selbst zu formen. Etwas Mächtigeres gibt es nicht. Ich persönlich möchte der kommenden Generation voller Liebe ins Gesicht blicken können, weil ich ihnen eine wunderschöne Welt hinterlasse, weil ich meine Augen vor dem Ego nicht verschlossen habe, weil ich aufgewacht bin aus meinem Ego-Schlummer.

Was wünschen wir uns im Grunde alle? Ein friedliches und glückliches Leben, das Spaß macht. Es steht uns hier und heute frei, gemeinsam eine friedliche, liebevolle und glückliche Welt zu erschaffen, ohne Konkurrenz, elitäres Denken und schädlichem Leistungsdruck. Wir sind dazu in der Lage, wir müssen es nur wollen. Es arbeiten bereits jetzt mehrere Millionen Menschen auf dieses Ziel hin. Es entwickeln immer mehr Menschen Eigeninitiative, vernetzen sich über das Internet und erwachen aus der Kollektivneurose des Egos. Sie haben begriffen, dass sie bei sich selber anfangen müssen, wenn sie die Zustände auf der Welt verbessern wollen. Es ist wie bei jeder Materie, die man verändern will und somit bei den Molekülen beginnt. Und will man die menschliche Gesellschaft vom Ego befreien und verbessern, muss man beim Menschen beginnen. Ich bin absolut sicher, nein, ich weiß hundertprozentig, dass wir genau JETZT in dieser Epoche leben, um unsere Welt schöner zu machen. Darum sind wir hier. Und wir werden solch eine Welt erschaffen, daran habe ich nicht den geringsten Zweifel. Das zeichnet sich schon deutlich ab.

SCHLUSSWORT

Geschätzter Leser,

wir sind am Ende dieses Buches angelangt und ich möchte ausdrücklich betonen, dass kein Buch der Welt Dein Leben von heute auf morgen zum Guten verändern kann, doch wenn man sich jeden Tag mit dem Inhalt dieses Buches auseinandersetzt, ist eine positive Änderung unaufhaltsam und man führt ein bewussteres Leben als bisher. Niemand kann wirklich ganz präzise einschätzen, auf welcher Ebene der spirituellen Entwicklung man sich gerade befindet. Aber stell Dir einmal für einen Moment vor, wie es wohl wäre, wenn Du die im Buch beschriebenen Tipps und Informationen in Deine Lebensführung integrieren würdest. Male Dir aus, welche inneren Veränderungen und welche daraus resultierenden positiven Folgen sich daraus ergeben würden. Es kommt dabei nur auf Dich an. Somit ist viel entscheidender, wer dieses Buch liest, als wer es geschrieben hat. Ein jegliches Buch kann Dir nur immer nur dann von Nutzen sein, wenn Du es zulässt.

„Man kann Dir den Weg weisen, aber gehen musst Du ihn selbst."
(Bruce Lee)

Das ganze Sein ist wie ein virtuelles Spiel. Das heißt, dass alles möglich ist. Wir sind ewige und multidimensionale Wesen. Alles, was wir uns wünschen, haben wir schon in uns. Doch von alleine tut sich nichts, auch dass sollte uns allen klar sein. Will man ins nächste Level des Lebensspiels aufsteigen, passiert das nicht ohne Aktivität. Angelesenes Wissen reicht nicht aus, um Veränderungen im eigenen Leben zu bewirken. Das Leben wird nicht durch trockene Theorie bereichert, auch nicht durch Wissen, sondern nur durch Praxis, durch die Selbst-Erfahrung. Ein Leben ist erst dann reich, wenn es reich an Erfahrungen ist. Solange man keine Erfahrungen gemacht hat, lebt man in einem nicht verwirklichten Traum. Die meisten Menschen bleiben stets weit unter ihren Möglichkeiten, weil sie nicht gelernt haben, endlich aktiv zu werden und das angelesene Wissen im Leben umzusetzen. Wer kennt nicht die vielen Neujahrsvorsätze, die spätestens am Ende der ersten Januarwoche schon wieder vergessen sind!? Wenn man nicht handelt, kommt man nirgends hin. Nur Aktionen, die sich aus der Kommunikation mit unserer Intuition ergeben, bestimmen das Leben auf positive Weise, und diese Aktionen nimmt uns keiner ab. Wenn wir sie nicht vollziehen, vollzieht sie niemand.

„Ein Gramm Handeln ist mehr wert als eine Tonne Predigt." (Gandhi)

Teilte man das Glücksempfinden in uns auf, entfielen 50 Prozent auf unsere Grundeinstellung, zehn Prozent auf unsere Lebensumstände und ganze 40 Prozent auf das, worauf wir aktiv Einfluss nehmen können. Es macht keinen Sinn, wenn wir aus Bequemlichkeit oder aus Risikoangst nicht aktiv werden und somit weit unter unseren Möglichkeiten bleiben.

Ein jeder von uns muss selbst die Initiative ergreifen, um sein Lebensglück zu manifestieren. Erfolg kommt von „Er-folgen". Alles, was ich heute bin, ist eine Folge meiner Gedanken, Gefühle und den sich daraus ergebenden Handlungen. Ohne Handlungen gibt es auch keine Ergebnisse. Wenn ich meinen Freund lieben will, dann muss ich das selbst tun. Ein Barkeeper kann einem Gast auch nur ein volles Glas mit Wasser, Limonade oder sonst was vor die Nase stellen, aber trinken muss der Gast schon selbst. Was bringt es sich Sternschnuppen zu wünschen, ohne jemals in den Nachthimmel zu schauen? Es gibt so viele Menschen, die sich ein glückliches Leben wünschen und genau wissen, wie man es schaffen kann, aber nichts dafür tun. Solche Menschen degradieren sich zu Zuschauern ihres eigenen, unzufriedenen Lebens. Also ran ans Werk, das Lebensglück lässt man nicht warten.

Manch einer wird sich fragen, ob er denn wirklich schon bereit ist, sein Ego aufzulösen und das Gesetz der Anziehung erfolgreich anzuwenden. Dazu kann ich nur sagen: es immer besser, unvollkommen zu beginnen, als perfekt zu zögern. Für die ganz großen Aufgaben werden wir nie "bereit" sein, wird uns das Ego zuflüstern, in der Hoffnung, wir verharren im Zögern. Perfektionismus anstreben ist ein Zustand, der uns nie ruhen lässt, und das EGO treibt uns andauernd an, perfekt zu sein. Der Drang nach Perfektionismus erzeugt Minderwertigkeitsgefühle, weil man den angestrebten Perfektionismus nie erreichen kann. Wie sollen wir eine harmonische Schwingung erreichen, wenn wir ständig danach trachten, perfekt zu werden? Das ist nicht möglich. Wir werden dieses Ziel nie erreichen können, da wir bereits perfekt sind, ohne es zu wissen. Lass uns lieber etwas mit dem Herzen machen, als es perfekt zu machen. Egal womit wir uns befassen, wenn wir es von Herzen tun, dann reicht das voll und ganz, dann haben wir es bestmöglich gemacht, aber quälen wir uns nicht mit so etwas Belanglosem wie Perfektionswahn. Legen wir also einfach los und lernen wir aus den Fehlerchen, die sowieso passieren, egal wann wir beginnen und wie toll wir uns vorbereitet haben. Beginnen wir unsere innere Reise dort, wo wir gerade stehen. Und beginnen wir sie am besten jetzt sofort.

Tief in unserem Inneren wissen wir alle, dass wir die Gabe zu schöpfen haben, aber wir haben sie durch mehrere tausend Jahre Glauben an veraltete und fremdbestimmte Weltbilder verdrängt, vergessen und verleugnet. Alle diese Fremdbilder stammen von unserem Ego, welches keinerlei Interesse an selbstbestimmten und bewusst lebenden Menschen hat. Ein Blick auf den Buchmarkt und das weltweite Interesse an Selbstbestimmung, der Zerfall alter Ego-Systeme und Strukturen zeigt uns überdeutlich, dass die Welt sich wieder einmal wandelt, da sich auch die Gedanken der Menschheit gewandelt haben – wie innen, so außen. Ich denke, wir spüren heute alle, dass große Veränderungen bevorstehen, dass wir in einer Zeit des Umbruchs, des Wandels leben, dass wir eine Zeitenwende erleben, dass wir das Ego-Kasperletheater hinter uns lassen. Immer mehr Menschen lösen sich von einer ungerechten und menschenfeindlichen Ego-Welt, sie erwachen aus dem Ego-Wahn und hören auf ihr Herz. Sie wollen harmonisch mit Mutter Erde leben, die Natur pflegen, anstatt sie auszubeuten, im Umgang miteinander offen sein, mehr zuhören, als selber reden, in Konfliktsituationen erst mal schauen: "Was ist mein Anteil daran?", statt blind seinem Ego zu folgen und nur Recht haben zu wollen. Das Göttliche in den Menschen erwacht immer mehr und mehr, es will an die Oberfläche, es will Frieden statt Krieg, es will Freude statt Angst und es will Harmonie statt Gewalt. Die Menschen ändern sich, sie besinnen sich, sie erinnern sich, warum sie hier sind.

Und das wurde auch höchste Zeit. Wir können nun durch den praktischen und bewussten Umgang mit dem Gesetz der Anziehung eine völlig neue Welt erschaffen, frei von Druck, Stress, Krankheit, Zwang, Angst und Armut, dafür aber voll mit Glück, Gelassenheit, Reichtum, Freiheit, Liebe und Gesundheit. Eine Welt, in der man nicht um seine Existenz kämpfen muss, sondern eine Welt, in der jeder ganz selbstverständlich sein Auskommen hat, in der jeder glücklich ist, wo niemand Karriere machen muss, um aufzusteigen, weil sowieso alle schon oben sind und niemand Angst davor haben muss, irgendwann einmal abzustürzen. Eine Welt, in der man nicht voneinander getrennt ist und sein Ego ständig aufpolieren muss, sondern eine solidarische Welt voller Zusammenhalt und voller Liebe untereinander.

Ich habe ja bereits in aller Deutlichkeit erklärt, dass der Mensch eine göttliche Schöpfung ist, er ist ein Teil Gottes oder wie auch immer man die Allmacht der Liebe sonst noch nennen mag. Das bedeutet, dass wir kein genetisches Zufallsprodukt sind, nein, wir sind etwas ungeheuer Wertvolles, etwas einmalig Schönes und Wunderbares, etwas so Großartiges, dass man es mit Worten nicht beschreiben kann. Ja, geschätzter Leser, Du bist etwas ganz Besonderes und ungeheuer Wichtiges. Lass Dir nichts anderes erzählen, von niemandem, denn alles andere ist eine dreiste Lüge. Du bist kein Konsument, kein Verbraucher, Du stammst nicht vom Affen ab, Du bist kein Arbeitnehmer und auch kein Rädchen im Getriebe eines fremdbestimmten Systems, all das ist absoluter Quatsch, der Gipfel der Lächerlichkeit, der Witz des Jahrtausends – DU bist ein unglaublich wichtiger Bestandteil unseres Universums. Jeder Einzelne von uns ist unentbehrlich für dieses Universum, welches er mit seiner bloßen Anwesenheit unendlich bereichert.

Ich werde versuchen, mich noch etwas verständlicher auszudrücken:

Du bist ein Gott unter Göttern.

Jeder Mensch hat etwas Göttliches. Wenn Du das nicht siehst, bedeutet es nicht, dass Deine Göttlichkeit nicht da ist. Es bedeutet nur, dass DU es bloß gerade nicht sehen kannst und besser hinschauen musst. Wenn Du Dich klein machst, dient das nicht der Welt. Es ist eine nicht zu überbietende Ironie, wenn so machtvolle Wesen wie wir Menschen uns selbst so machtlos machen. Das sollten wir wirklich nicht tun, denn wer sein eigenes Licht unter den Scheffel stellt, kämpft gegen sich selbst. Wenn wir unser Licht erstrahlen lassen, geben wir unbewusst anderen Menschen die Motivation, dasselbe zu tun. Wenn wir uns von unserem Ego befreit haben, wird unsere Gegenwart auch andere befreien.

Du und ich und alle anderen sind alle Brüder und Schwestern, wir alle entstammen derselben göttlichen Quelle. Niemals sollten wir aus einem Gefühl der Bescheidenheit unsere Herkunft leugnen. Leugnen wir unsere göttliche Herkunft und unsere göttliche Macht zu schöpfen, geben wir gleichzeitig unsere Eigenverantwortung ab. Die Eigenverantwortung abgeben bedeutet, dass man sich nicht selbst lenkt, sondern sich lieber passiv von anderen Menschen, Systemen, Ideologien oder Gruppen lenken lässt. Wohin? Irgendwohin, aber ganz gewiss nicht zum persönlichen Glück, denn den Weg dahin kennt nur unser innerer Wegweiser, unsere Intuition, und niemand sonst. Hören wir auf unsere innere Stimme und folgen wir ihr, nicht dem Lärm im Außen, der uns wie eine Hundeleine ins Unglück ziehen will.

Die Spielregeln des Egos sind uns nun allen bekannt, so dass das Spiel nicht länger uns im Griff hat, sondern wir das Spiel. Halte Dir ständig vor Augen: ohne Ego kann Dich niemand verletzen, ohne Ego bist Du fortwährend glücklich, ohne Ego kennst Du keine Sorgen, keinen Hass, keine Trauer. Wir müssen nie Opfer unseres Egos sein, jeder Einzelne von uns hat in jedem Augenblick des Lebens die freie Wahl zwischen Glück und Unglück, zwischen Liebe und Ego, zwischen Harmonie und Disharmonie. Jeder von uns muss früher oder später Farbe bekennen und wird für sich selbst entscheiden müssen, was er wählt. Ich brauche kein Ego mehr, welches mir allen möglichen Schwachsinn erzählt, um mir Angst zu machen, so dass ich mich vor dem Leben verkrieche und am Glück vorbei lebe. Darum wähle ICH eine Welt des Glücks, der Liebe und der Harmonie. Die Probleme unserer Zeit werden wir nur dann bewältigen, wenn jeder Einzelne an sich selbst tiefgreifende Veränderungen vornimmt. Lebe Dich selbst in Deiner Natürlichkeit. Es liegt einzig und allein an uns selbst, welchen Weg unser Leben und unsere Welt nehmen wird. Wir haben alles in uns, die Macht, den Mut, das Wissen, um uns eine Welt zu erschaffen, die alle glücklich macht. Und niemand kann uns daran hindern, außer wir selbst. Es ist an der Zeit, ein mündiger Mensch zu werden - ein Mensch ohne Ego, ein Mensch, der bewusst schöpft.

Als verkürzte Zusammenfassung kann man den Inhalt des Buches auch so formulieren:

Wir können tun, was immer wir wollen, wenn wir es nur bewusst tun. Erkennen wir uns selbst als göttliche Schöpfer, dann können wir ALLES mühelos erreichen, was wir uns vorstellen. Aber es funktioniert wirklich nur, wenn wir bewusster werden.

Herzlichst

Eure Ruth

Literaturverzeichnis

Das Buch vom Ego (Osho)

Die "what the bleep"-Geschichte (Barbara Singer)

The law of attraction (Jerry und Esther Hicks)

Der Ego-Tunnel (Thomas Metzinger)

Ego-Crash (Satyam S. Kathrein)

Wie man sich vom Negativen Ego befreit (Joshua David Stone von Lippert)

Der geheime Plan Ihres Lebens: Woher, wohin, warum? (Rüdiger Schache)

Das holografische Universum (Michael Talbot)

Im Einklang mit der göttlichen Matrix (Gregg Braden)

Die sieben Botschaften unserer Seele (Ella Kensington)

www.zitate.net

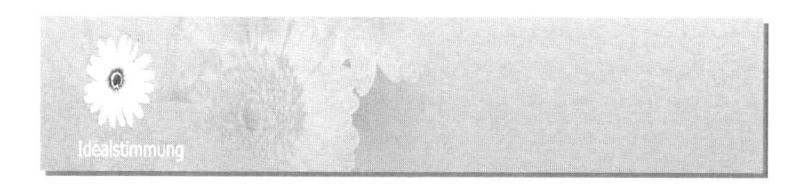

Idealstimmung – vom Wunsch zur Wirklichkeit

Sie sind deprimiert, enttäuscht, traurig und mutlos?
Sie haben das Gefühl, völlig am Ende zu sein?

Dann ist es höchste Zeit, Dinge zu verändern und zu bewegen.

Soforthilfe, persönlich oder per E-Mail, unter anderem bei folgenden Krisen:

* Angstzuständen
* Liebeskummer
* Trauerarbeit (Verlust von Mensch und Tier)

Das Umfeld, in dem wir Sie begrüßen, ist harmonisch und kreativ. Wir arbeiten auf einer Basis des gegenseitigen Vertrauens und gewährleisten absolute Diskretion.

www.idealstimmung.de

Das glückliche Taschenbuch

Warum Wünschen kein Märchen ist

Dieses Buch spiegelt die Erfahrungen des Autors Goran Kikic mit dem Gesetz der Anziehung wieder. Er beschreibt, welche Methoden, Überzeugungen und Affirmationen sein Leben von Grund auf zum Positiven veränderten. Auf eindrucksvolle Weise ist zu lesen, wie Goran Kikics Wünsche sich manifestierten und er seitdem glücklicher und zufriedener sein Leben meistert. Der Autor beschreibt hier keine Theorien, sondern erlebte Tatsachen aus seinem Leben. Zahlreiche wertvolle und praxisnahe Übungsbeispiele helfen dem Leser, eigene positive Erfahrungen mit dem Gesetz der Anziehung zu machen. Verschiedene wissenschaftliche Erklärungen, von Quantenphysik über morphogenetische Felder bis zum Schwingungsgesetz, runden das Buch ab. Mike Butzbach, Autor des Buches "Hypnose - Das Praxisbuch", veranschaulicht, wie sehr Hypnose zur Änderung von Glaubenssätzen beitragen kann, so dass wir das Gesetz der Anziehung bewusst für unser persönliches Glück in allen Lebensbereichen anwenden können. Dieses informative Buch inspiriert, motiviert und begeistert, so dass auch Du Deine Lebensqualität durch den bewussten Umgang mit dem Gesetz der Anziehung steigern wirst.

ISBN-10: 3837037304

Erhältlich überall im Buchhandel, bei amazon.de und libri.de

www.gesetz-deranziehung.de

Das glückliche Taschenbuch - 100 Wege zur Wunscherfüllung

Du kennst das Gesetz der Anziehung - oder möchtest es kennenlernen? Du hast diverse Wünsche, zweifelst aber an ihrer Erfüllung? Du hast wenig Zeit, um täglich etwas für die Wunscherfüllungen zu tun? Dann ist dieses Buch genau richtig für Dich. Goran Kikic, Autor des Überraschungserfolges "Das glückliche Taschenbuch - Warum Wünschen kein Märchen ist", stellt in einem weiteren Werk 100 Methoden der Energieverstärkung zur Wunscherfüllung vor, die alle von ihm persönlich ausprobiert wurden. Das Buch enthält neben einigen bekannten und bewährten Methoden, völlig neue, kreative und originelle. Ganz egal, wo man sich in seiner persönlichen Entwicklung gerade befindet, mindestens eine oder mehrere der vorgestellten Methoden werden bei der Wunscherfüllung helfen.

Die Horoskop-Methode, die Salzwassertank-Methode, die 12-Tatsachen-Methode, die Uhrzeiger-Methode, die Notar-Methode, die Prominenten-Methode, die Kalender-Methode, die Zeitungsartikel-Methode, die Talisman-Methode, die Flaschenpost-Methode, die Klartraum-Methode, die Schicksals-Methode, die Schock-Methode, die Selbsthypnose-Methode, die Geldspiegel-Methode u. v. m.

Die Anwendung der Methoden macht Spaß und lässt sich in vielen Fällen ganz leicht mit den unterschiedlichsten Alltagspflichten kombinieren. Der Autor beschreibt zusätzlich die mentalen Voraussetzungen, die den größtmöglichen Nutzen aus den einzelnen Methoden versprechen; welche Einflüsse unsere Wunschenergie verstärken und welche sie blockieren. Er erklärt ausführlich, wie man neue, positive Gewohnheiten annimmt, so dass man sich das glückliche Leben manifestieren kann, für das wir auf die Welt kamen. Dieses Buch ist für jeden, der sich mit dem Gesetz der Anziehung beschäftigt.

ISBN-10: 3839110858

Erhältlich überall im Buchhandel, bei amazon.de und libri.de

www.gesetz-deranziehung.de

Das glückliche Taschenbuch grandioser Wunscherfolge

Motivierende Erfahrungsberichte, die zeigen, dass bewusstes Wünschen wirklich funktioniert

Ist es wirklich möglich seine Wünsche durch die richtigen Gedanken und Gefühle in Erfüllung gehen zu lassen? Ja, ist es, wie ich aus eigener Erfahrung weiß. Vor einigen Jahren hatte ich nicht einmal Geld für eine Busfahrtkarte und einige Wochen später einen fünfstelligen Kontostand. Wahnsinn!!! Das Leben kann echt Spaß machen. Wer sagt uns eigentlich, dass es nicht geht, Glück in finanziellen Angelegenheiten, in der Liebe und mit unserer Gesundheit zu haben??? Es ist sehr wohl möglich und die Lebensfreude wartet überall, WENN man das Gesetz der Anziehung kennt und damit umzugehen weiß. Dieses Buch entstand aus Freude am Leben und beschreibt, wie ich dank des Gesetzes der Anziehung kostenlos zu einem Auto der Marke Ford Mustang kam, kostenlos einen Luxusurlaub in Mauritius machte, meine Traumfrau kennenlernte und vieles, vieles mehr. Jeder einzelne Wunscherfolg war etwas ganz Besonderes und die daraus gewonnenen Einsichten und Erkenntnisse möchte ich gerne mit Dir teilen. Grenzen existieren nur in unserem Kopf und wenn wir diese überwunden haben, hält uns nichts mehr auf. Das Glück ist in jedem Einzelnen von uns und wenn wir damit in Resonanz gehen, wird unser Leben zu einem einzigen Glückserlebnis.

ISBN-10: 3839125448

Erhältlich überall im Buchhandel, bei amazon.de und libri.de

www.gesetz-deranziehung.de

Hypnose – Das Praxisbuch

Dieses Buch beschreibt wirksame Hypnoseinduktionen, Blitzhypnose und Vertiefungstechniken für Hypnoseanwender.

Dabei wird bewusst auf zu viel Therapie verzichtet. Klare Beschreibungen, Demonstrationen, Übungsskripte, Suggestionsvorlagen und Tipps und Tricks aus der Erfahrung des Autors ermöglichen dem Leser aus der Erfahrung des Autors ermöglichen dem Leser einen schnellen und leichten Einstieg in der Praxis.

Das echte Praxisbuch: Lesen – ausprobieren – experimentieren.

ISBN-10: 3837028070

Erhältlich überall im Buchhandel, bei amazon.de und libri.de

Hypnoseskripte

Wirksame Interventionen für die Praxis

Hypnoseanwender und Interessierte finden in diesem Buch wirksame Interventionen für die Arbeit in Trance. Dabei sind die Skripte vollständig abgebildet – von der Einleitung, über die Vertiefung, bis zum Wirkteil. So kann der Anwender jedes Skript direkt, ohne viel Sucherei, in der Praxis anwenden.

Effektive Induktionstechniken und psychologisch wirksame Formulierungen, kombiniert mit direkten Suggestionen, setzen Suchprozesse in Gang und bewirken dauerhafte Veränderungen. Wie auch in seinem ersten Werk verzichtet der Autor auf lange theoretische Erklärungen,

Durchlesen – anwenden – Erfolg haben!

Tipps zur Fallaufnahme und eine Sammlung positiver Affirmationen für Gesundheit, Beruf und Partnerschaft runden den Inhalt ab.

ISBN-10: 3837091023

Erhältlich überall im Buchhandel, bei amazon.de und libri.de

Befreie Dich selbst

Über die Kunst, wahrhaftig zu leben

Wieso müssen wir in hektischen Berufen arbeiten, um Dinge kaufen zu können, die wir eigentlich nicht brauchen? Was bedeutet ein erfülltes Leben? Sind wir überhaupt noch am Leben - oder sind wir Sklaven unserer Zeit?

Der spirituelle Ratgeber von Matthias A. Exl zeigt auf, welche Hindernisse auf dem Weg zu einem befreiten Leben liegen, und lehrt die Kunst, sie zu überwinden. Denn das, was wir "Realität" nennen, ist nur das Produkt unserer oft unbewussten Emotionen, die zu großen Teilen aus Ängsten oder Zweifeln bestehen. Die Lösung liegt also nicht im Außen, sondern in unserem Inneren. Anschauliche Fallbeispiele und konkrete Übungen helfen dabei, die schöpferische Kraft in uns selbst wiederzufinden und unsere Welt zu verändern - eine Anleitung nicht nur für die persönliche Transformation, sondern auch für die therapeutische Praxis.

Das Prinzip der Befreiung macht vor keinem Aspekt des Lebens Halt: Glück, Gesundheit und sogar Geld werden davon berührt. Machen Sie die Probe aufs Exempel!

ISBN-10: 3938396199

Erhältlich überall im Buchhandel, bei amazon.de und libri.de

2012 und das Gesetz der Anziehung

21. Dezember 2012. Der Maya-Kalender endet an diesem Tag. Die NASA und die russische Raumfahrtbehörde erwarten an diesem Tag eine Planetenkonstellation, wie sie nur alle 26.000 Jahre vorkommt. Prophezeiungen und Voraussagen aus naturvölkischen und esoterischen Quellen, aber auch Berechnungen von wissenschaftlichen Institutionen erwarten weltweite Umbrüche und Veränderungen. Dieses kosmische Ereignis betrifft uns alle und leitet eine neue Ära ein.

Für kein anderes Datum gibt es so viele Prophezeiungen berühmter Seher, Voraussagen aus naturvölkischen Quellen und heiligen Schriften, wie für 2012. Was hat das immer bekannter werdende **Gesetz der Anziehung** damit zu tun, welches besagt, dass unsere Gedanken und Gefühle unsere Zukunft gestalten? Autor Ludwig von Erlenbach bringt das Thema 2012 auf den Punkt. Er beschäftigt sich unter anderem mit folgenden Fragen: Wie bereite ich mich auf das Jahr 2012 vor? Kann ich die kommenden Veränderungen aktiv mit gestalten? Was ist die "Manasische Schwingung", in die unser Planet seit einigen Jahrzehnten eingetaucht ist? Erhalten wir alle ein höheres Bewusstsein und nutzen in Zukunft mehr als die üblichen 10-20% unseres Gehirns? Was hat die Überbevölkerung mit alledem zu tun? Welche Rolle spielen die Kinder mit der neuen DNS, die sie sogar immun gegen AIDS macht und von denen es schon über 60 Millionen gibt? Wieso vergeht die Zeit plötzlich immer schneller, so dass die Atomuhren in New York zu schnell liefen? Ist die Erderwärmung wirklich von uns Menschen verursacht oder handelt es sich dabei um ein kosmisches Phänomen, welches auch die anderen Planeten unseres Sonnensystems betrifft? Wieso die Angst vor dem Tod unsinnig ist. Und was kommt nach 2012? Der Autor beschreibt die Gesamtzusammenhänge und bereitet den Leser mit praktischen Tipps auf die kommende neue Zeit vor. Seine Kernaussage: ES GIBT KEINEN GRUND ZUR SORGE. Es ist entgegen der allgemeinen Meinung ein Thema, das Hoffnung, Mut und Freude weckt. 2012 ist die perfekte Gelegenheit, uns das Leben zu erschaffen, welches wir uns schon immer gewünscht haben.

ISBN-10: 3837099105
Erhältlich überall im Buchhandel, bei amazon.de und libri.de
www.vonerlenbach.de

Das Okami Projekt

Mein Name ist Albert Schmidt, ich bin zum jetzigen Zeitpunkt 25 Jahre alt. Als ich das Gesetz der Anziehung auf meine ganze eigene Art und Weise entdeckte war ich knusprige 20. Damals war es für mich wie Magie und die Resultate, die ich seither erzielt habe, haben nichts von ihrem Glanz eingebüßt.

Ich möchte dir, meinem Leser, zeigen, wie das Gesetz der Anziehung auf ganz natürliche Art und Weise in unserem Alltag wirkt und wie es sich kultivieren lässt. Die Beispiele und Ideen in diesem Buch sind aus dem Leben gegriffen. Du musst kein Guru sein und keinen Heiligenschein auf haben, um meine Worte zu verstehen. Dies alles kann sehr simpel und nachvollziehbar sein, wenn du unvoreingenommen und offenen Herzens damit arbeitest.

Dabei spielt es keine Rolle, wie alt du bist, wie viel Geld du hast oder welcher Religion du angehörst. Jeder Mensch kann jeden Aspekt seines Lebens nach seinen Wünschen ändern. Wenn du es dir vorstellen kannst, dann kannst du es tun.
Lass uns mit diesem Buch ein paar gemeinsame Schritte auf unserem Weg gehen.

Ich freu mich auf dich!

ISBN: 9783839130971

Erhältlich überall im Buchhandel, bei amazon.de und libri.de

www.okamiprojekt.de

Valerija Golob
Regressionsanalytik

Praxis für
Ursachenerforschung und -bewältigung ganzheitlicher Problematiken
Rückführungen

- Probleme?
- Kummer?
- Trauer?
- Partnerschaftskonflikte?
- Familiäre Unstimmigkeiten?
- Berufliche Konflikte?

- Existenzängste?
- Krankheit?
- Ängste und Phobien?
- Sexuelle Probleme?
- Blockaden beim "Law of attraktion"?
- Spirituelle Fragen?

Wir widmen und nicht nur Ihren Symptomen sondern den Ursachen Ihrer Symptome und Probleme.

www.Regressionsanalytik.de

Telefon 02196-3040189
42929 Wermelskirchen

Telefonisch erreichbar Montag bis Freitag
10.00 bis 17.00 Uhr (Anrufbeantworter)

Termine nur nach Vereinbarung.

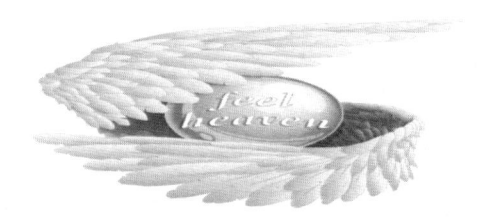

www.feelheaven.de

... eine Homepage für mehr Sonne im Herzen...

Inès Donath, die Inhaberin von feelheaven hat diese Webseite ins Leben gerufen, um Menschen wieder Hoffnung zu geben, ihren eigenen Weg ins Glück zu finden. Inès Donath ist ausgebildeter Erfolgreich-wünschen-Coach nach Pierre Franckh und Michaela Merten der 1. Stunde ... sie ist eine der ersten Coaches, die im Januar 2010 Ihre Ausbildung beendet. Sie ist außerdem Lachyogaleiterin und wird beides in Workshops und Einzelcoachings in ihrer Tätigkeit verbinden, die sie in ihrer Freizeit ausübt. Ihr Ziel ist es, immer mehr Menschen glücklich zu sehen - durch Freude und Leichtigkeit im Leben.

Außerdem finden Sie im Onlineshop die kleinste Elfe der Welt, die unterstützend bei der Wunscherfüllung wirkt - berichten Menschen, die die Kette tragen.

Das Kinderbuch "Glückskind - Die Geschichte einer besonderen Freundschaft", das Frau Donath - basierend auf einer wahren Begebenheit - geschrieben und Wolf-Dieter Köpfer aus Schweden illustriert hat, wird nach Erscheinen ebenfalls auf der Homepage zu erwerben sein.

Sie finden außerdem die Themen Fotografie, ORBs, Erfolgsgeschichten, Buchtipps, interessante Links zu anderen Homepages u.v.m. Lassen Sie sich überraschen!

Musik für Körper, Geist und Seele

Oliver Aum

Musik, die speziell auf die Chakren, das menschliche Energiesystem, gestimmt ist.

Musik, die Dich einlädt zu Dir: verbindend, berührend, erfüllend, beseelend, ermutigend, öffnend, bewahrend.

NEU

Onomatopoesie

7 dynamische Stücke vom 1. bis zum 7. Chakra

7 meditativ-entspannende Stücke vom 7. bis zum 1. Chakra

Zwei Reisen durch die Chakren und ihre spezifischen Frequenzen erwarten Dich auf dieser CD, die eine bewusst dynamisch, die andere meditativ-entspannend.

€ 19,-

Inner Healing

5 Songs Entspannung (ca. 35 Min.)

1 Song Intuition und Annehmen (ca. 6 Min.)

1 Song Belebung (ca. 4 Min.)

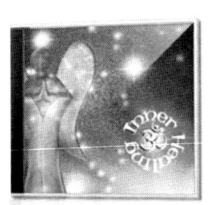

€ 16,-

Oliver Aum

www.oliveraum.de

AUM Music Productions

Hypnose & Regression: Grundlage, Experimente, Therapie und Coaching

Für Einsteiger als auch für Profis ein ideales Arbeitsbuch. Anhand verschiedener Wachsuggestionsexperimenten wird der Leser mit den Gesetzmäßigkeiten der Hypnose vertraut gemacht. 11 verschiedene Induktionsmethoden werden genau erklärt. Verschiedene Trainingstipps für den Alltag, sowie interessante Experimente zielen darauf ab, die Ausstrahlung des Hypnotiseurs zu schulen, denn das A und O der Hypnose sind die nonverbalen Signale die der Hypnotiseur aussendet. Schwerpunkt dieses Arbeitsbuches sind aufdeckende Verfahren sowie die Möglichkeiten für Therapie und Coaching. Auch der erfahrene Praktiker kommt auf seine Kosten, denn der Autor erklärt hier einige seiner selbst entwickelten Techniken zum Thema Regression und Kommunikation mit dem Unbewussten. Eine Fundgrube für die tägliche Praxis.

ISBN-10: 3837066789

Erhältlich überall im Buchhandel, bei amazon.de und libri.de